大展好書　好書大展
品嘗好書　冠群可期

大展好書　好書大展
品嘗好書　冠群可期

武術武道技術 9

格鬥技科學解析

蕭京凌 主編

大展出版社有限公司

序

天生身體虛弱的人，一定比別人更加渴望身強體壯。

一般人難免有一些疑問，那一種格鬥技法最強呢？那些摔角選手為什麼會那麼厲害？是不是任何人只要努力鍛鍊，就能有優異的成就？很遺憾的，沒有人能給予滿意的答案。

幾年前李連杰說過一句：「武術沒有強弱之分，武者才有強弱之分。」但現實中格鬥技絕對有強弱之分。不同門派的格鬥技理念、訓練方法、強弱都不同。

開始研究運動生物力學，是因為想客觀的解說這些問題，這也是寫本書最大的動機。

下面以客觀的方式，對中國拳法、日本拳法、空手道、泰國拳，做精闢的分析。

本書分為格鬥技法的衝動力，試劈的要領，架勢的分析，合理的動作，鐵壁防禦的力學，科學的體力訓練等章，囊括了精心研究的各種測定結果，透過這種種的分析，讀者將深刻地體會出，格鬥技法實際上是一種活用肉體的技術，值得留傳給後世子孫。

目　錄

第四章　格鬥技法合理的動作

《哪一種格鬥技法的破壞力最強？》

第一章　種種格鬥技法的衝動力

出拳或出腿時，都必須準確地打到目標物，而且還必須有威力。

第一章是介紹出拳或出腿時，衝擊力和種種格鬥技法的比較。

1. 以科學方法來測定衝擊力

衝擊力的測定法

在街上我們偶爾可以看到「衝擊力測定器」，但是，很遺憾的，那只能說是娛樂的性質，因為它在測定衝擊力上，並不是很正確。

由於打擊用的板子和磚塊、厚度、硬度並不標準，再說試劈也有獨特的要領。所以說，看到別人同時劈碎數塊疊起的磚時，不要認定他一定發揮了最強最猛的衝擊力。

為了能更客觀，更正確地測定衝擊力，試著畫出圖1這種衝擊力測定器。

原理是把厚二十五公釐（mm）的鋼板，類似游泳池的跳板，在前端的打擊部D加上衝擊力之時，鋼板的彎度利用貼在E上的測定計來測出。

如此，不僅能知道衝擊力的最高值，還能測出衝擊力持續的時間。

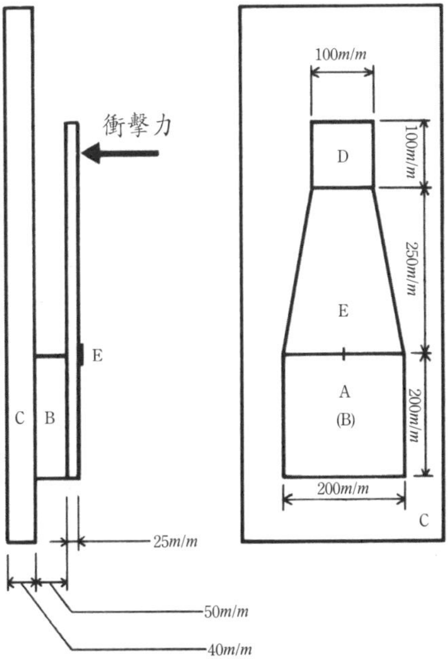

A■固定部
B■台座
C■合板
D■打擊部
E■衝擊記錄器

使用動態衝擊測定器，來測定衝擊力，以電池示波器來記錄衝擊力。

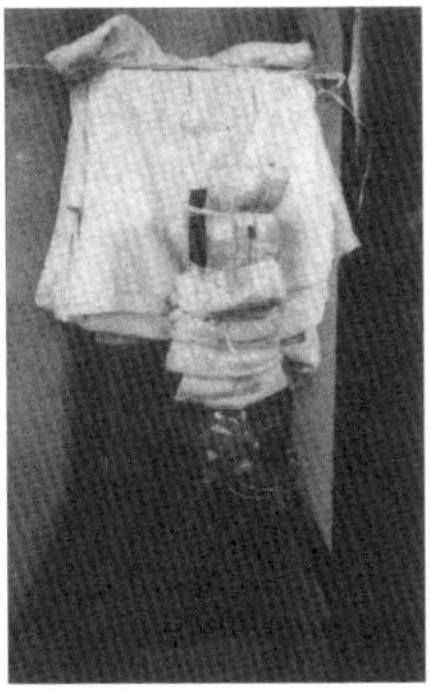

衝擊力測定器

圖1　衝擊力測定器

圖1所表示的，重量大約有四十五公斤，使用時再加上鐵框，總重量就會高達六十公斤。

剛開始，一定認為如此重的測定器，不管裝置在哪裡，測出的衝擊力應該不會有很大的差異，但在進行實驗時，可以發現其中稍微有些差距。

所以，本章所提到的四種格鬥技法和以前所測定的比起來，不但測定器固定得更牢固，而且衝擊力的極大值也比過去的還大。

原因是這四種格鬥技法，能發揮極大衝擊力的實驗條件，而衝擊力的量並非根據這種實驗條件。所以本章後段的測定方針，是要以衝擊量的大小作為基準，而不是以衝擊力的最大值為基準。

為了不傷害拳頭，所以在測定器的打擊部位，要裝置有彈性的覆蓋套。

衝擊力曲線的看法

在出拳或出腿時，電池示波器的紀錄表上，會出現如圖2的衝擊力曲線。橫軸是代表時間，縱軸是表示衝擊力的大小，另外，曲線中較細的變化，是測定器本身震動所引起的，不必去管它。

衝擊力是在 t_1 的時間內開始，慢慢地增加，達到最大值 f_M 時，就會漸漸變小。到了 t_2 時，就全部結束了。

$T_1 = t_2 - t_1$，這就是衝擊力持續的時間。圖中斜線部分的面積 S_1，是衝擊力的全部衝擊量，也就是能推倒對方的一種衝勁。

最大值 f_M 愈大，威力也愈大。

測定器牢牢地固定在牆上時，T_1 和 S_1 就幾乎不動，但曲線上的虛線一直延伸往上，最大值 f_M 也會跟著加大。

在實際的比賽中，打擊對方的衝擊力是接近實線的。

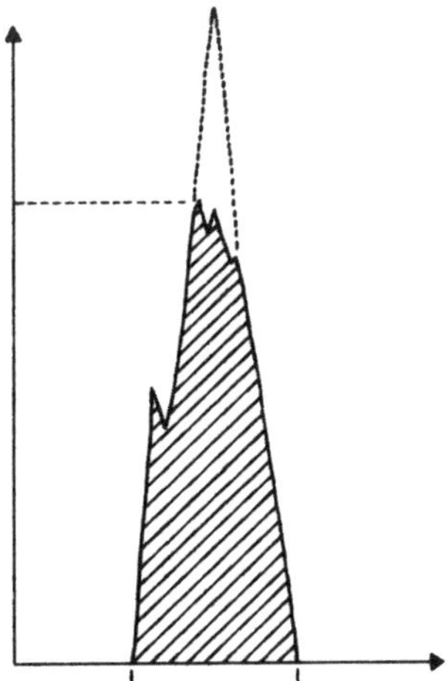

圖2

從衝擊力的曲線中，能夠求得最大值 f_M、持續時間 T_1、全衝量 S_1。（虛線是測定器牢牢固定在牆上的情形）

2.出拳時，雙方的距離以五十～六十公分為宜

出拳和出腿時，都應有適當的間隔距離，太近或太遠都會失去威力，

衝擊力和間隔的關係

因此，為了更客觀的確定，做了下面的試驗。

首先，把前腳的前端置於離開測定器打擊部水平距離S的地方，後腳放在配合前腳自然的位置。

被試驗者Y和K，都是有格鬥技法的，當S在十～二十公分時，是扭轉腰部來打擊。若S在九十～一百公分遠的距離時，出拳時後腳必須往前移，否則身體就會失去平衡。

試驗結果，以五十～六十公分時最容易出拳。

正如圖3所示，S在五十～六十公分，衝擊力也愈大。不管是比此距離遠，或近，衝擊力都會降低，可能是因技法無法發揮一致。

在間隔適當時，出正拳的衝擊力極大值f_M。

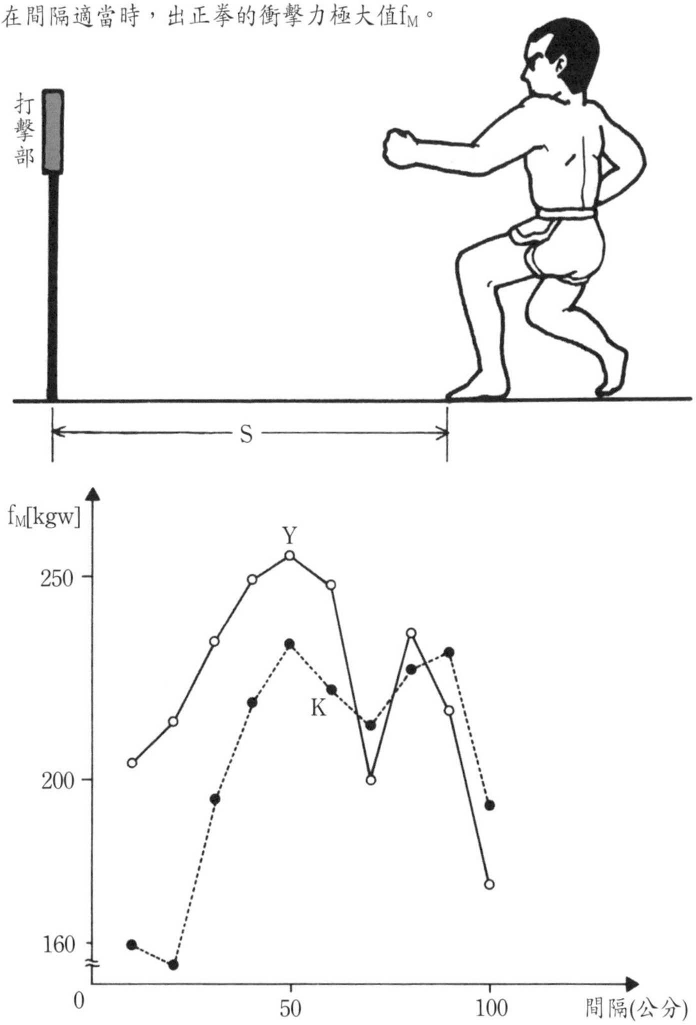

在間隔適當時，出正拳的衝擊力極大值f_M。

圖3

3.相撲人驚人的破壞力

技法的種類和衝擊力曲線的形狀

不管是用哪一種格鬥技法，衝擊力曲線均會如前圖2所繪的形狀。但有些流派有自己特殊的出拳方法，所以，衝擊力曲線的形狀也會有些差異，以下就來看看一些極端的例子。

被試驗者因為相當重視相撲技法的衝擊力效果，所以得到了以下的結論。

因為相撲時，從蹲踞的姿勢一立起，就馬上出擊，根本發不出普通力量的一半，所以最好一開始別太用力去衝撞，以免耗盡力氣。

結果如圖4。

(1)的打臉，是「打型」的技法，所以手前臂的運動量，必須在一瞬間就傳到打擊部，因此衝擊力曲線的上升非常快，但短時間內就消失了。

可是，數十kgw的衝擊力（比方說，一kgw的力量就是所謂一公斤的力量，是為了支撐重量一公斤的物體所需的力量）卻能一直拉長，難道是相撲力士的本能？

大概是他繼續不斷的推或用力吧！

「對臉部的牽制技法，並不需要用力」，所以，衝擊力並不是那麼大。

(2)以身體來衝擊對方，必須把手轉到打擊部後面。這種「撞型」的技法，主要靠身體的運動量來產生衝擊力。

重的物體以低速相撞的時候，衝擊力會變小；但持續時間只有〇・一五秒時，因為衝擊力曲線下的面積（衝擊量）很大，所以能把對方撞倒。

從旁邊看，給人的感覺雖只是輕輕地一碰，但衝擊力的最大值卻接近三百kgw，實在令人很難想像。

根據研究所示，如能不先使用蹲踞的姿勢，而直接衝的話，就可發出五百kgw的衝擊力。

(3)把左手放在打擊部的後面「輕輕的衝撞」，衝擊力曲線的上升會相當快，成為短時間持續後，急速下降的第一次高峰。

其他的格鬥技法的衝擊力，在本質上也是相同的，高峰之後，也有幾十到一百kgw的力量持續著。由於是利用體重來推，所以衝擊力才能持續。

相撲比賽中，三種技法的衝擊力，與各種技法在力學上的特徵，在衝擊力曲線的形狀上，很明顯地表現出來。

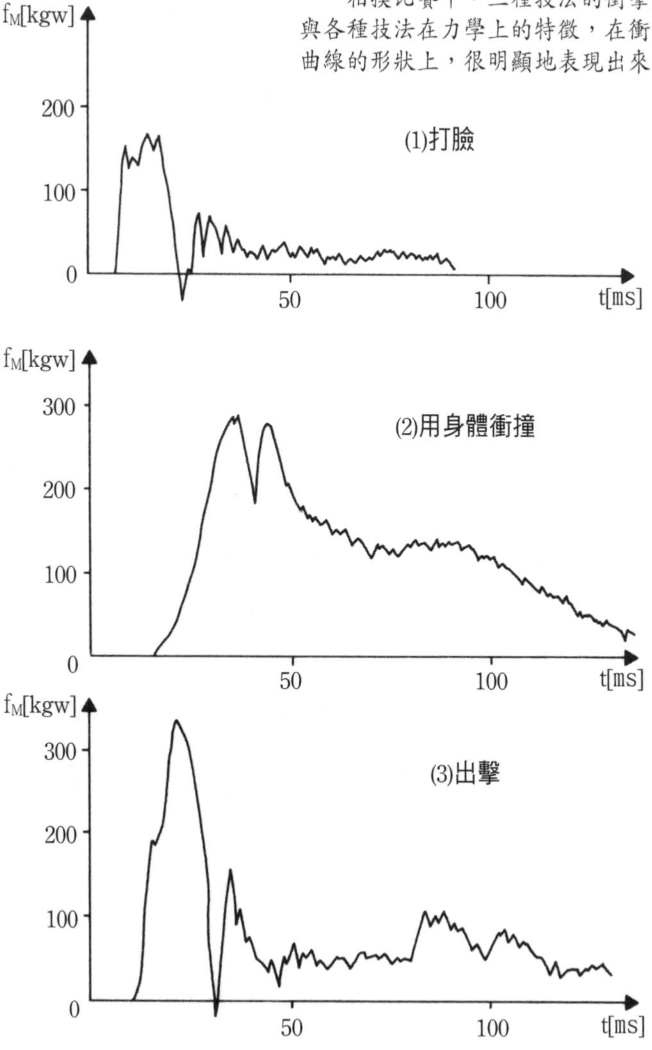

圖4

衝擊力的最大值是三百三十一kgw。

從這個數值來判斷，可以得到一個結論——不要認為懂得一點格鬥技法，就想在相撲、摔跤比賽中得勝。

4. 哪一種格鬥技法的衝擊力最強

在做實驗時，我們以大學舞蹈社，年齡和經驗大致相同的隊伍來作比較。

根據統計學來作比較

被試驗者的體格及其他如表1所示。

被試驗者能做的共通技法，可以下面三種來測定其衝擊力。

(1)固定逆拳：依自己所習慣的距離，腳的位置不變而出拳。

(2)移動逆拳：比(1)稍遠一點的間隔，後腳前進一步步出拳。

(3)衝入逆拳：前腳腳尖置於離開打擊部水平一百二十公分處，於約燈一亮時，立刻衝向前方來出拳。

	人數	身高（cm）	體重（kgw）	年齡（年）	經驗年數
少林寺拳法初段	17	168±5.8	61±6.0	19～20	1～2
同　2段	12	167±4.8	58±4.0	21～22	2～3
同　3段	11	171±4.9	62±5.0	20～22	3～6
空手道	7	168±6.9	60±5.4	19～22	1～4
日本拳法7段	1	145	51	41	25
同　初段	1	166	70	45	8
同　初學者	1	169	53	26	0.3
相撲力士（第二級的冠軍）	1	179	135	24	12
自行車社的隊員	16	171±5.0	64±7.8	18～23	－
一般學生	28	169±4.7	58±6.0	18～21	－
教員	5	169±4.2	63±6.3	36～39	

±係標準偏差

表1　被試驗者的身體特徵、年齡、經驗年數。

一百二十公分的距離，相當於少林寺拳法的基本間隔。

從衝擊力曲線得到的最大值 f_M、持續時間 T_1、全衝量 S_1，另外，衝入逆拳的反應時間T如表2。

反應時間就是從燈亮後，一直到出拳到達打擊部的時間。

想瞭解格鬥技法出拳法的衝擊力，可以用平均值和標準偏差來測定，以人數為基準，標準偏差表示個人分數的偏差程度，標準偏差愈小，表示全員的值是類似的。

比方說，以少林寺拳法初段和二段固定逆拳時 f_M 來作比較，可以得到平均值的差九kgw，標準備偏差三七・四kgw，五六・八kgw，

出拳方式	被試驗者	人數	最大值 f_M	(kgw)	持續時間 T_1(ms)	全部衝擊量 S_1	(kgw·s)	反應時間 T(s)
固定逆拳	少林寺拳法初段	16	226 ±37.4	(147～279)	18.1 ±1.22	2.40 ±0.338	(1.55～2.71)	
	同　2段	12	217 ±56.8	(157～338)	17.3 ±1.16	2.27 ±0.576	(1.66～3.54)	
	同　3段	10	245 ±25.6	(208～304)	17.9 ±0.66	2.54 ±0.279	(2.04～3.15)	
	空手道	7	239 ±37.8	(205～321)	17.8 ±1.02	2.51 ±0.423	(1.98～3.26)	
	日本拳法	3	159 ±3.3	(155～163)	16.9 ±0.57	1.65 ±0.116	(1.55～1.81)	
	力士	1	331	—	19.0*	3.84	—	
	自行車社的人員	16	175 ±40.8	(107～250)	17.5 ±1.46	1.84 ±0.419	(1.23～2.73)	
	一般學生	28	155 ±26.4	(99～210)	17.5 ±1.57	1.62 ±0.303	(1.15～2.27)	
	教員	9	156 ±41.6	(89～223)	18.6 ±2.80	1.67 ±0.441	(0.97～2.27)	
移動逆拳	少林寺拳法初段	10	186 ±40.3	(109～250)	17.3 ±0.67	1.98 ±0.432	(1.10～2.55)	
	同　2段	7	167 ±32.2	(133～230)	17.5 ±1.15	1.83 ±0.351	(1.53～2.60)	
	同　3段	6	200 ±18.0	(162～220)	16.4 ±0.89	2.25 ±0.259	(1.70～2.47)	
	空手道	7	248 ±17.8	(227～284)	18.9 ±1.56	2.64 ±0.282	(2.37～3.11)	
衝入逆拳	少林寺拳法初段	16	173 ±46.2	(102～257)	18.6 ±1.40	1.78 ±0.453	(1.17～2.44)	0.86
	同　2段	9	164 ±21.9	(131～193)	17.1 ±1.24	1.76 ±0.268	(1.41～2.02)	0.86
	同　3段	6	178 ±17.4	(149～194)	16.9 ±1.08	1.88 ±0.258	(1.49～2.18)	0.78
	自行車社的人員	7	188 ±50.6	(121～260)	17.7 ±0.94	1.91 ±0.456	(1.26～2.56)	0.97
	一般學生	27	154 ±33.7	(101～234)	17.5 ±1.69	1.70 ±0.393	(1.09～2.71)	1.02
	教員	8	134 ±38.6	(77～198)	18.3 ±2.05	1.48 ±0.398	(0.95～2.10)	1.28

表2　和三種逆拳的衝擊力有關的各量

數值係平均值 ± 標準偏差（最高值～最低值）

*衝擊力曲線最初的尖部分

所以結果是二段的平均值較大。

下面是關於各量的順序。

(1) 衝擊力的持續時間 T_1

不論格鬥技法的種類，或出拳的方法為何，持續時間 T_1，是在十六～十九ms（一ms是千分之一秒）。這個實驗所用的測定器打擊部比沙包還硬很多，所以出拳時，手臂的肌肉軟骨或移動體的運動量要達到目標物，而變成衝擊力，必須花一點時間。

如果是逆拳，需要十六～十九ms（五十分之一～六十分之一秒）。

(2) 衝擊力最大值 f_M 和全部衝擊量 S_1

如前所述的衝擊力持續時間 T_1，也是一定的。所以在橫寬大約不變的時候，衝擊力曲線就會升高，也就是說，最大值 f_M 愈大，曲線下的面積（就是全部衝擊量 S_1）也愈大。

實際上，以少林寺拳法固定逆拳的衝擊力做成最大值 f_M 和全部衝擊量 S_1 的關係，就如圖5。

f_M和S_1正如預想的呈一直線。

因為f_M和S_1大約是成正比的關係，所以只要注意一方就夠了，以後就要看最大值f_M了。

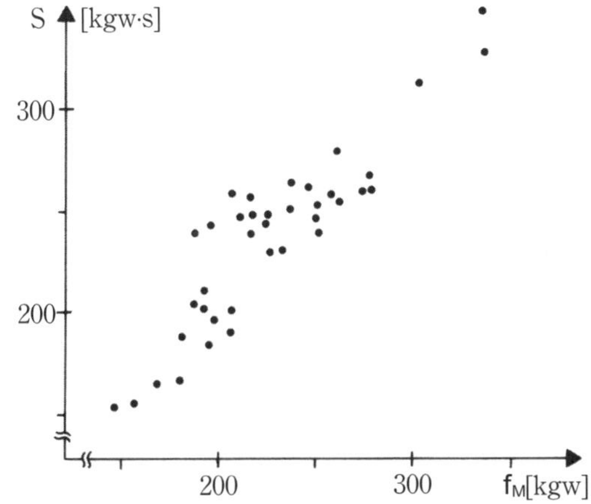

圖5　少林寺拳法中，固定逆拳的衝擊力最大值f_M和全部衝擊量S_1的關係。

把表2的全部衝擊量的數值乘以九．八再除以對方的體重（kg），就是對方的重心後退的速度了。

比方說，S_1＝三kgw·s的全部衝擊量，對一個體重六十公斤的對手來說，可得到：

$$\upsilon = 3 \times 9.8 \div 60 = 0.49\mathrm{m/s}$$

以此速度來後退。所以在電影中看到的，被打一拳而在空中翻的情形，是不太可能的，因為要達到在空中翻的標準，其衝擊量必須要很大。

5. 移動出拳：空手道勝過少林拳法

不同種類的格鬥技法的最大值 f_M 的差異

(1) 固定逆拳

少林拳法各段相互之間的差別，和空手道並沒有兩樣（這裡所指的是前述統計根據的差異）。大學武道館成員的衝擊力比未經驗者的衝擊力大，是當然的結果，但是，以個人別而言，也有自行車社隊員 f_M 二五〇kgw強的人，所以，不能說未經驗者的衝擊力就很弱。

未經驗者中被認為體力狀況最好的自行車社隊員，其平均值比預想的數值大。在統計學上檢定，這種現象是很微妙的，詳細情形在此略而不談。有體力的人衝擊力大，這樣解釋就可以了。

修行日本拳法的讀者，往往會產生這種數值。事實上，這是因為一般街坊巷道的道館，被試驗者都是年紀較大的初學者，所以不能因而下結論。

曾經看過一位拳法七段的武道館館主，身高一五五公分，體重五十一公斤，體形雖小，對於體格好的黑帶門生出拳出腿，都能應付自如，駕勢很穩，體勢一點也沒改變。絲毫沒有浪費力氣，呼吸也相當平順，反而門生的呼吸很急促，所以格鬥技法的實力，不是僅僅以衝擊力的強度來決定。

(2) 移動逆拳

這和固定逆拳不同，f_M之間出現了差異，空手道比少林寺拳法強，少林寺拳法三段比二段強，有關的理由，後面章節會詳細說明。

(3) 衝入逆拳

教員數值比較小，但是其他各組間並沒有什麼差異。有趣的是，不論是平均值或個人別的最高值，都是未經驗者的自行車社隊員最大。關於這點，後面會加以探討。

6. 意外，向前衝時衝擊力不增加

衝擊力是先加速的手臂或胴體的運動量，到達目標才產生的。

不同出拳的衝擊力之差

移動逆拳比固定逆拳朝向目標的胴體運動量大。一般認為，衝擊量的衝量S_1增加，最大值f_M也會增加。有關移動逆拳的測定，就是根據這個效果而來。

衝入逆拳除了移動效果之外，還有實戰的「敏捷」要素。是不是衝到容易發出衝擊力的間隔，或者衝進去時，身體有沒有失去平衡等技術因素，都會影響衝擊力。

其次，探討不同的格鬥技法出拳方法的衝擊力差異。

(1) 空手道

固定逆拳和移動逆拳最大值f_M並無意義上的差別，雖然移動逆拳比固定逆拳範圍窄，不需從開始的姿勢來移動後面的腳，只是滑動前腳前進，但是架勢和固定逆拳並沒有很大的差別。只滑動前腳出拳的架勢，在少林寺拳法（或其他格鬥技法）中是少見的。

(2) 未經驗者

固定逆拳和衝入逆拳的衝擊力沒有變化。衝入逆拳時，未經驗者把前腳踏進之後，後腳再拉近前腳，和固定逆拳相同位置的時候，才出拳。

從表2的反應時間T（指示燈亮後，一直到拳達到目標的時間）的數值得知，衝入的動作是緩慢的。特別是教員因為年齡的關係，反射神經衰退了，從旁觀察，一點也不敏捷，如果是在實戰時，出拳很容易就被對方躲過了。好像慢慢移動到了打擊區前面，做固定逆拳，衝擊力當然沒有變化。

(3) 少林寺拳法

移動逆拳和衝入逆拳只是前進距離不同，前進方法和未經驗者也相同的。但是，衝進去的動作很敏捷，表2中，以三段的反應時間最短。

根據表2 f_M 的統計數值作為檢定結果，得到下面的結論：

①和固定逆拳相比較，移動逆拳和衝入逆拳前進的距離愈長，衝擊愈小。照道理而言，身體向目標前進，衝擊力應該會很大，但是幾乎沒有見過這種結果。

就算有效果產生，前進時失去平衡或腳踏地不穩等負面因素反而很大。不只限於格鬥技法的種類，一般「強度」和「敏捷」的要素是難以兩立的。

②研究個別衝擊力才了解，並不能斷定固定逆拳強的人，比較接近實戰的衝入逆拳強。一般測定格鬥技法的衝擊力，大多是根據固定逆拳，數值雖然大，並不能斷定在實戰中是名強打者。

③前進技術有個別差異。技術差的人，和固定逆拳相比較，移動逆拳衝擊力會降低，衝入逆拳更低。相反的，技術高的人，衝擊力降低的較少。

從這些結論中所得到的啟示，「希望實戰強的人，要學會敏捷移動的技術，對於游移不定的對手，做正確的攻擊反應練習。對固定的目標，雖然可以發揮很強的衝擊力，但並不一定適用於實戰中」。

但是，並不表示基本練習的固定逆拳或出腿可以疏忽。

體重和衝擊力之間看不出有什麼關係，理論上，體重愈重，衝擊力愈強，但是虛胖的人則另當別論。出拳技術也有個別差異，也看不出和體重有何關係。不過，如果技術相同，肌肉量多的人衝擊力較有利，是不容置疑的。

7. 空手道的出腿是很有力的

回旋踢衝擊力的比較

參加逆拳測的人當中，少林寺拳法和空手道成員做回旋踢衝擊力的測定。結果如表3。

衝擊力的持續時間T_1和逆拳大致相同。回旋踢「打型」（類似用手劈物，向目標前進的只有手，而上臂和前臂以和目標不同的地方前進。這種情形，上臂的運動量很難傳到目標，轉變成衝擊力的機率很小。）的技術，衝擊力在短時間就沒有了。和後面「拳型」（和正拳一樣，整個手臂朝目標前進，運動量全部傳到目標上，轉變成衝擊力的技法）的橫踢相比較（圖6）。衝擊力的最大值f_M，少林寺拳法比逆拳稍低，空手道稍高的平均值。

關於全衝量S_1也是如此。一般所認為「踢腿的威力是出拳的三倍」，實際上並沒有相差那麼多。腿比手臂粗而長，為什麼沒有那麼大的差別，當然令人覺得奇怪，詳細情形在別章會加以敘述。因為出拳也藉用下半身的力量，所以強度可

被驗者	人數	最大值 f_M（kgw）	持續時間 T_1(ms)	全衝量 S_1 (kgw·s)
少林寺拳法初段	13	187±54.3 （123～284）	18.5±2.88	1.86±0.547 （1.14～2.62）
同　2段	8	214±34.5 （168～266）	20.3±4.33	2.30±0.364 （1.76～2.75）
同　3段	8	233±64.2 （133～352）	16.7±1.16	2.2±0.609 （1.18～3.07）
空手道	7	319±90.9 （171～419）	15.2±0.93	2.65±0.676 （1.47～3.29）

表3　少林寺拳法和空手道上段者回旋踢的衝擊力

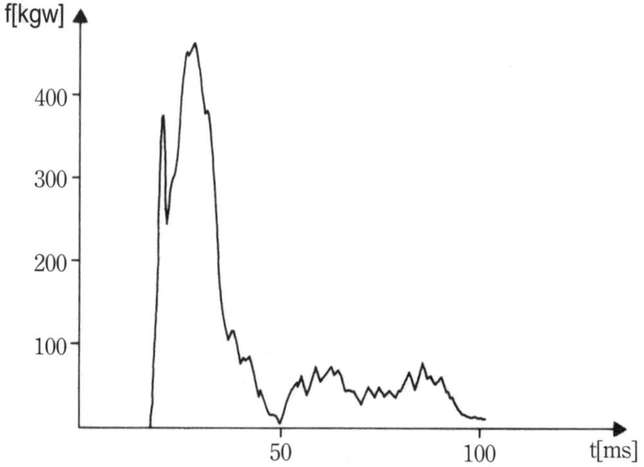

剛開始的時候，有一個寬度較窄而尖的高峰，這是腳的運動量在瞬間轉變成衝擊力。其次，較寬（約二十公分）的高峰，是整個踢腿的運動量，高峰後半部並加上胴體的運動量。接著較緩和的曲線（50ms＜t＜100ms），可能是胴體的運動量。（表9的數值是除掉這部分的曲線）

圖6　K五段橫踢的衝擊力

以和踢腿相匹敵。

其次，要做兩種格鬥技法的比較。

f_M平均值，由小至大為少林寺拳法的初段、二段、三段、空手道。根據統計檢定，少林寺拳法的各段並無意義上的差別，但是並不表示沒有差異。隨著段位的升高，衝擊力愈大。可以肯定的是，空手道比少林寺拳法的f_M差異大。

根據觀察，少林寺拳法的回旋踢予人動作小，且敏捷快速，空手道的動作大而充滿力氣的現象。以連續技法將對方打垮為目標的少林寺拳法，和以一拳致人於死為理想的空手道的差別，轉變成衝擊力的差異。

8. 格鬥技法能強到什麼程度？

少林寺拳法高段者的衝擊力

根據測定的結果，格鬥技法上段者和未經驗者的衝擊力是有差異的。

然而有一個疑問，格鬥技法的經驗者，究竟能強到什麼程度呢？

為了了解這個疑問，特別請少林寺拳法四名高手幫忙（表4）。前面提過的

	身高（cm）	體重（kg）	年齡（年）	經驗年數	背肌力（kgw）	垂直跳（cm）
A6段	162.2	65.8	36	18	165	63
M5段	177.6	71.0	25	8.5	183	66
S5段	169.5	66.0	24	7.5	205	67
K5段	165.0	68.4	24	8.7	185	63

表4　少林寺拳法高段者身體特徵及其他

	拳法	最大值 f_M（kgw）	持續時間 T_1（ms）	全衝量 s_1（kgw・s）
A6段	右空手	337	18.7	3.57
	左空手	271	18.9	2.76
M5段	右空手	297	18.5	3.06
	左空手	278	17.9	2.65
S5段	右空手	239	19.3	2.56
	左空手	270	18.9	2.78
K5段	左空手	248	18.6	2.59

表5　少林寺拳法高段者順拳的衝擊力

測定器的打擊種，因為沒有完全固定在牆壁上，所以和後面會提到的四種格鬥技法比較的時候，並不是以衝擊力的最大值 f_M 為基準，而是以全衝量為基準。

順拳相當於拳擊的左直拳，在實戰中常被用為第一擊，這實驗是以當場的順拳來測定，測定結果如表5。

持續時間下，和前面見到的數值並沒有兩樣，最大值 f_M 和全衝量 S_1 雖然比下面要看到的逆拳數值低，但是也不小了。

「第一擊打到對方，如果完

全無效，就會被對方忽視，只要對方沒有任何對應，應該發出具有威力的有效出拳。」曾聽過一名高段者這樣說過。

表5的順拳，第一擊時應有十分的威力，問題是在連擊的時候，是否能發揮和所測定單擊相同的衝擊力，關於這點，在別的實驗中會再做分析。

9. 載拳套威力會減少或增加？

由逆拳來觀察空手和戴拳套的差別

使用拳套或不使用拳套來觀察格鬥技法的種類。有的人相信戴拳套衝擊力會減弱，有的人卻相信，衝擊力會提高的說法。以下以空手和三種不同重量的拳套來做逆拳衝擊力的測驗，結果如表6。

①赤手的時候，和順拳的衝擊力相同。右拳和左拳就如同我們一般的想像，常用的那隻手衝擊力較強。

②僅用右拳做空手和戴拳套的比較，雖然有個別差異，但是看不出明顯的差異。拳套重的最大值 f_M 或全衝量 S_I 有隨著增加的趨勢。特別是以平時沒有練習拳

	拳法	最大值 f_M（kgw）	持續時間 T_1（ms）	全衝量 S_1（kgw·s）
A6段	左空手	289	18.1	2.85
	右空手	338	17.9	3.48
	6盎司	375	19.1	4.18
	8盎司	357	19.5	3.81
	12盎司	359	20.3	4.05
*M*5段	左空手	226	18.9	2.39
	右空手	288	20.1	3.21
	6盎司	284	19.2	2.97
	8盎司	330	20.7	4.02
	12盎司	338	21.0	4.14
S5段	左空手	268	18.1	2.69
	右空手	294	16.5	2.80
	6盎司	312	19.6	3.40
	8盎司	327	18.5	3.39
	12盎司	339	19.6	3.65
K5段	左空手	294	18.6	3.05
	右空手	383	17.3	3.71

表6　少林寺拳法高段者逆拳的衝擊力

擊的人，因為使用拳套手不會痛，所以會猛力出拳，衝擊力就大。空手和拳套差異如表6。最大值三百kgw以上，衝量三・五kgw·s以上的出拳，如果打到臉上，一拳就能打到對方。

像使用磚塊，空手正劈時，拳能打到的部位比打在測定器的打擊區難得多了，衝擊力的最大值比測定器在瞬間所測量的數值大的多。劈磚塊的時候，戴拳套劈，瞬間最大值會降低，要打破較難。另一方面，雖然測定器的打擊區很硬，但是因為有覆

	最大值 f_M（kgw）	持續時間 T_1（ms）	全衝量 S_1（kgw·s）	持續時間 T（S）
A6 段	359 346	18.4 17.3	3.69 3.33	0.97 1.02
M5 段	263 297	19.1 19.2	2.76 3.20	0.70 0.70
S5 段	245 266	21.0 20.8	2.80 2.94	0.58 0.73

表7　少林寺拳法高段者衝入逆拳的衝擊力

蓋套，產生某種程度的彈性，同時加上拳套本身的反彈力，所以衝擊力不會有很大的變化。

10. 高段者的衝擊力又快又強！

衝入逆拳

以燈打訊號，燈一亮馬上就擊出的衝入逆拳比固定逆拳的衝擊力小，因為衝進去時，考慮到會失去平衡的因素。

關於高段者，也是以同樣條件測定逆拳的衝擊力。並且使用八盎司的拳套，結果如表7。

測量燈一亮到拳打中的反應時間，A六段和表2未經驗者水準差不多。三十五歲左右的年齡，仍然比同年齡的教員快的多。不過對於單純的動作以反射性反應的速度，就是再如何加強鍛鍊，也不能完全防止因年齡而引起的衰退。但這並不是只靠反射神經的能力，而是要更早看出對方動作的綜合性能力，來做決定。另一方面，二十五歲左右的M五段和S五段比三段的學生速度快的多。

談到衝擊力，A六段和M五段的固定逆拳沒什麼差異。從反應時間最短來看S五段，明顯的可以看出，可能是太重視速度，所以，衝擊力比固定逆拳稍微降低。

綜合來看，上段的學生和高段者相比，高段者衝入較快，不會失去平衡，衝擊力強。

11. 殊途同歸的快速連擊和強勁連擊！

連擊的衝擊力

實戰時，連擊比單擊攻擊的次數多，問題出在出手次數太多，衝擊力會不會減弱?為了了解這個疑問，而測定連擊（左順拳和右逆拳的連擊）。結果如表8。

		最大值 f_M（kgw）	持續時間 T_1（ms）	全衝量 S_1（kgw·s）	連擊間隔 T_1（s）
A6段	順	118	24.1	1.56	0.258
	逆	223	19.7	3.55	
	順	110	21.8	1.35	0.278
	逆	344	20.8	3.90	
M5段	順	160	24.8	2.08	0.146
	逆	219	21.6	2.54	
	順	173	23.5	1.99	0.143
	逆	244	22.4	2.65	
S5段	順	195	23.6	2.48	0.206
	逆	275	18.2	2.84	
	順	190	22.4	2.24	0.199
	逆	252	17.0	2.56	

表8　少林寺拳法高段者連擊的衝擊力
（順的前拳是第一擊，逆的後拳是第二擊）

最先看到的特徵，第一擊順拳的衝擊力和單擊（表5）比起來，大約是二分之一，只要擊中，就會形成某種程度的有效攻擊。

第二個特徵，順拳衝擊力的持續時間T_1，長達二十幾ms。少林寺拳法的出拳，通常收拳的速度很快，只有在連擊的第一擊，打出去的拳要收回來時，晚了一點點。

做實際連擊的動作，第一擊要馬上收回，不如配合第二擊的出拳，來收拳較為容易。可能就是這種無意識的動作，使持續時間T_1增加。

現在來看看第二打逆拳的衝擊力。

第一擊比較輕，連擊間隔Ti（第一擊擊中目標到第二擊擊中目標的時間）最長的A六段，逆拳的衝擊力和單擊沒有差異。第一擊只是假動作，可以說連擊比較重視第二擊的威力。

M五段連擊的間隔約是A六段的一半，即使瞬間有兩拳擊過來，第一擊也比A六段要強勁。但是，第二擊的逆拳比單打時稍低，關於這個理由：在後面的四種格鬥技法的連擊中會加強敘述。

S五段的第一擊是三個人最強的，照這種情形，才二擊的威力會減弱。但是，由於間隔時間比M五段長，可能有更充裕的時間積存力氣，所以第二擊依舊相當強勁。

雙方的連擊都很強，想縮短間隔時間，在力學上是很難的，因為「強度」和「速度」是難以兼顧的。

例如以A六段來試試第二擊的威力；M五段重視速度，任何出拳的衝擊力都稍輕。或像S五段，雙方保持很高的衝擊力。犧牲速度來緩和，依照各自的個性或情況，分別加以使用。

12.「順拳」是否比「打型」強勁？

為了測定其他技法的衝擊力（結果如表9），將各技法的特徵做分析。

其他技法的衝擊力

首先，注意衝擊力的持續時間T_1。鉤拳和橫踢的T_1長（除K五段之外，和前述的順拳和逆拳相同）。肘打、前踢（少林寺拳法稱為逆上腿）、回旋踢T_1短。大致說來，前二者是「順拳」的技法，所以比後二者「打型」的技法所持續的時間短。

其次，比較衝擊力的最大值f_M。

根據鉤拳比直拳強，但是從比較結果看來，頂多是相同或稍強的程度。即使是被鉤拳打中，也不是衝擊力強弱的問題，而是打到臉部角度的不同，換句話說，鉤拳對腦部的打擊較大。

嚴格說來，肘打是「前型」和「打型」中間的技法。出拳的時候，上臂或胴體的運動量被肘關節緩衝下來，才傳到目標。肘打是直接傳到目標，是持續時間

	技	最大值 f_M（kgw）	持續時間 T_1（ms）	全衝量 S_1（kgw·s）
A6 段	鈎拳	340	18.7	3.44
	肘打	327	15.3	3.33
	前踢	304	17.3	2.84
	回旋踢	358	16.5	2.91
	橫踢	455	19.4	5.00
M5 段	鈎拳	384	18.6	3.93
	肘打	281	14.9	2.64
	前踢	314	14.9	2.36
	回旋踢	271	16.3	2.51
	橫踢	362	18.7	4.17
S5 段	鈎拳	393	19.5	3.87
	肘打	337	15.0	3.04
	前踢	386	14.9	2.94
	回旋踢	262	16.1	2.38
	橫踢	357	18.1	4.20
K5 段	肘打	439	16.0	4.48
	前踢	401	13.5	2.97
	回旋踢	348	14.3	3.06
	橫踢	478	34.0	7.44

表9　林寺拳法高段者種種技法的衝擊力

T_1短的理由之一。肘打的衝擊力和正拳相比較差別並不大，但是一旦碰到身體堅硬的部分，比方說，針對臉部的肘打，或是踢腿時，肘打對方腳脛等等。肘打比正拳堅實，對付巨大的壓力比較有利。

拿前踢和回旋踢做比較，K五段以外的第三人，前踢的衝擊力比較大。一般認為回旋踢比前踢具有威力，事實上，只要牽涉到衝擊力，前踢比較強勁。這種情形類似直拳和鈎拳威力的比較，技法的威力不僅僅是衝擊力而已，擊中的角度或接受的難易程度都有關係。

橫踢是「順拳」的技法，比較容易將體重加上去（胴體的運動量容易傳到目標），衝擊力是三種踢腿的技法中最大的。特別是K五段的橫踢的全衝量S_1，高達七·四四kgw·s，數值相當大。這是由於胴體的運動量轉變成衝量的比例大。（圖7）

綜合來看踢腿技法的衝擊力，學生中上段者的情形也相同。也就是少林寺拳法的踢腿和出拳的衝擊力比較，只是相同或稍強的程度，其他的格鬥技法也趨向這種共通性。空手道的踢腿比出拳有很明顯的強勢，這是一個特例。

13.空手道、泰國拳、日本拳、中國拳法的比較

一流選手衝擊力的比較

不同的格鬥技法做比較的時候，究竟以那些人為代表，始終是一個問題。召集很多一流選手，取其平均值比較，較為理想，實際上還是頗為困難。在

拳種（被驗者）	身高（cm）	體重（kg）	年齡（歲）	經驗年數	備註（實驗當時）
空手道（S）	178	95	21	10	空手道社主將
日本拳法（K）	169	65	21	7	日本拳法社主將
中國拳法（M）	170	64	23	5	中國武術研究社主將
泰國拳（O）	184	75	22	5	泰國拳社主將

表10　一流選手的特徵

這個實驗中，以下面條件來挑選被實驗者：

①大學生（包括剛畢業者）。

②在學學生且是一流選手。

有了這兩個條件要求，受年齡、練習時間、練習環境、素質差異等因素影響就會縮小。被實驗者的資料，如表10。

關於這個實驗，測定器的打擊區完全密貼在後面的鋼筋水泥牆上。詳細情形下章會敘述。劈磚塊時，需要約一千kgw的力量（衝擊力的最大值），並測定前就知道這個數值。但是在這之前，也有很多研究者做測定，只是沒有人有過一千kgw的最大值的紀錄。原因是各種測定器的打擊區比磚塊容易彎曲，或沒有固定來判斷。所以，為了得到最大值f_M，應該將打擊區牢牢的固定。

拳套可以依被實驗者的喜好使用，因為拳套對衝擊也沒有很大的影響，所以，不要給予被實驗者太多的限制，才能充分發揮實力。

14. 日本拳、泰國拳的衝擊力強！

固定逆拳和移動逆拳的衝擊力

首先，測定固定逆拳和移動逆拳的結果如表11。因為打擊區牢牢的固定，所以衝擊力曲線形成如圖2的虛線。比過去以相同的測驗所得的全衝量S_1的最大值f_M，增加了。

得到固定逆拳最大值f_M的最高值者，很意外的是體重只有六十五公斤且身材短小的日本選手，接著按順序是泰國拳、中國拳、空手道。體重最重高達九十五公斤的空手道選手的數值最低，但是全衝量S_1，四個人都差不多。

日本拳法戴著很重的防具比賽，出拳太輕根本不痛不癢，所以，自然會出拳強勁。

泰國拳不使用防具，出拳重的比較有力，特別是這位選手十分擅長右直拳，

	格鬥技法的種類	最大值 f_M（kgw）	持續時間 T_1（ms）	全衝量 S_1（kgw·s）
固定逆拳	空手道	439	20.5	3.45
	日本拳法	550*	21.0	3.50
	中國拳法	474	21.5	3.46
	泰國拳	534	17.1	3.53
移動逆拳	空手道	460	22.4	3.97
	日本拳法	506	18.5	3.43
	中國拳法	422	20.5	3.41
	泰國拳	456	18.1	2.98

表 11　固定逆拳和移動逆拳的衝擊力　　＊推定值

所以一回合只花了八秒就把對方擊倒。

中國拳法以「發勁」的特殊出力方法為秘傳。這位選手是四個人中體重最輕，且上半身較瘦的選手，能發出這麼大的數值，表示秘傳是合乎力學原理的。

空手道有各種比賽的形式，選手以出拳和踢腿點到為止來計分。實際上，衝擊力的強度和比賽勝敗無關，不管流派理論如何，比賽時不需要的衝擊力（特別是以體重比例來計算），雖然身材瘦小了一點，但是不會令人覺得奇怪。

其次，以移動逆拳而言，空手道和中國拳法是從左前的架勢，把右腳向前滑動出右拳。日本拳法、泰國拳法和少林寺拳法法相同，以左前的姿勢前進出拳。前二者出拳的方式是胴體同時前進，所

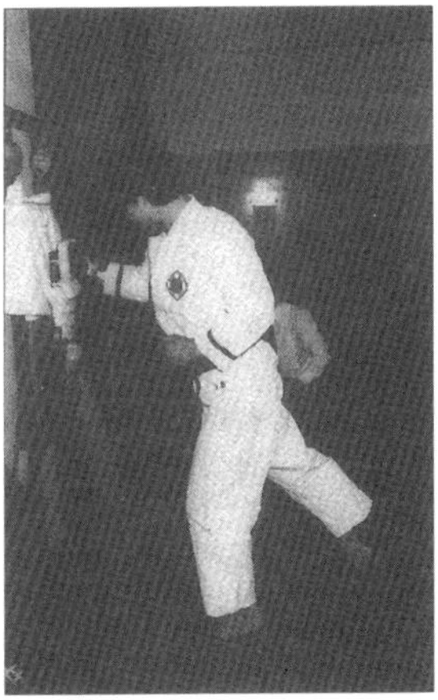

身材矮小的日本拳法K選手，得到最大衝擊力。

空手道選手的固定逆拳，為了正確打中目標，相當的辛苦。

泰國拳的O選手是泰國拳史上（學生組），創下以最短時間將對手擊倒的紀錄保持者。

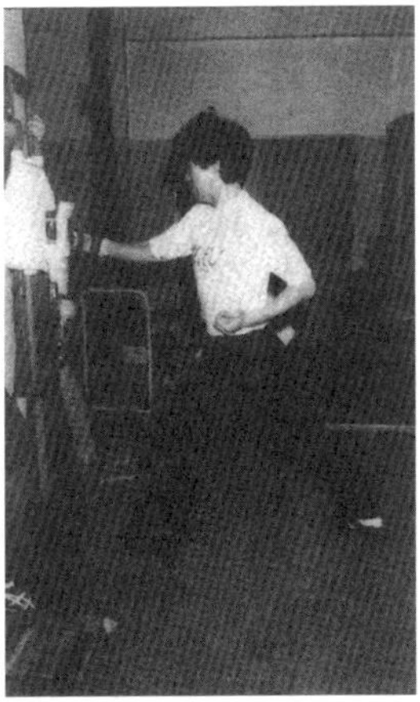

中國拳法M選手的固定逆拳，沒有把腳跟提起來，出拳的架勢，類似空手道選手。

四種格鬥技法學生的固定逆拳

以容易利用到胴體的運動量。從表11的數值得知，空手道和中國拳法的衝擊力持續時間T_1長，全衝量S_1以最大值f_M的比例來說，也增大了。

和固定逆拳相比較，只有空手道的最大值f_M增加，其他都降低了一點。或許只有空手道突進的衝擊力有效的運用，才產生這種結果。不過，f_M仍以日本拳法為最高。

15.返打的威力和第一打相同嗎？

返打和連打的衝擊力

返打就是先出左拳牽制，不打中目標，接著出右拳，因為出左拳的同時，身體向右邊扭轉，利用反彈力（肌肉彈性）出右拳返打，所以「返打的威力」十分強勁。

連打的時候，返打的第一拳也要實際打中目標。因為中國拳法的選手是依左右的順序出拳，第一拳打擊到目標，向右扭轉的衝力消失，第二拳就無法利用反彈力，可以料想得到，衝擊力必然比返打低。

	格鬥技法的種類		最大值 f_M（kgw）	持續時間 T_1（ms）	全衝量 S_1（kgw·s）	連打間隔 T_1（s）
返打	空手道		463	20.6	3.58	—
	日本拳法		452	17.8	3.12	—
	中國拳法		396	20.5	2.90	—
	泰國拳		449	16.6	2.69	—
連打	空手道	1	183	64.5	2.71	0.251
		2	318	20.0	2.52	
	日本拳法	1	202	19.4	1.87	0.158
		2	278	20.4	3.45	
	中國拳法	1	253	17.5	2.09	0.165
		2	179	21.0	2.19	
	泰國拳	1	137	26.7	1.40	0.319
		2	311*	18.6	2.63	

*其他的測驗，雖然不能測定第一拳，但測出第二拳的 f_M 是 350kgw

表12　返打和連打的衝擊力

測定結果如表12。

根據數值，不能說返打比固定逆拳強勁。重新看著當場逆拳的動作，並不是自右臂或右肩突然出拳，而是左肩先往前，這時右肩仍在原來位置，身體向右扭轉，再利用扭轉度為反彈力，出右拳。兩者真正的差別，就是是否將左拳輕輕的揮打出來。不論是固定逆拳或返打，因為全身的活動幾乎是相同的，衝擊力當然沒有什麼差別。

其次，連打的第一拳和第二拳，擊中打擊區的間隔時間，從日本拳法的○・一五八s到泰國拳的○・三一九s，都是相當短暫的。正如早先所預測的情況，因為連打的第二拳不能利用反彈力，所以和返打相比較，衝擊力降低相當多。第一拳比較輕，連打間隔長的空手道和泰國拳，第二拳衝擊力強。第一拳強勁，連打間隔短的日本拳法和中國拳法，第二拳較弱。所以速度和衝擊力強弱是難以兼顧的。

中國拳法第一拳比第二拳弱的另一個因素，是出拳按左右的順序所致。

看看衝擊力最大值 f_M，第一拳和第二拳的數值合計，固定逆拳或返打的 f_M 幾乎相等。有關全衝量 S_1 的合計，比單打的值稍大，可以說「連打是將單打的衝力，一分為二」。

第一拳衝擊力的持續時間 T_1，空手道是六四・五ms，泰國拳是二六・七ms這麼長，和少林寺拳法高段者相同，這是因為第一拳（左拳）沒有馬上收回的緣故。

16. 鈎拳威力不會比直拳強

鈎拳和順拳的衝擊力

接下來測定鈎拳和順拳的衝擊力，鈎拳在中國拳法中稱為圈捶。圈

	格鬥技法的種類	最大值 f_M（kgw）	持續時間 T_1（ms）	全衝量 S_1（kgw·s）	備考
鉤拳	空手道 日本拳法 中國拳法 泰國拳	313 556 270 441	24.0 20.5 14.4 22.0	2.20 4.05 1.69 3.22	鉤拳 圈捶
順拳	空手道 日本拳法 中國拳法 泰國拳	348 328 340 253	18.5 22.0 20.6 20.1	2.35 2.79 2.65 2.51	距離打擊區50cm處衝進
返打*	中國拳法	226	25.8	3.02	距離打擊區10cm處
掌擊	中國拳法	229	30.1	2.90	接觸打擊後再用力

＊衝擊力曲線最初的尖峯部分

表13　鉤拳、順拳和其他的衝擊力

捶就是把整個手臂伸直，由外往內揮動，然後用手腕到拳背的部分打的技法，接近力學上的手刀，順拳是從離目標約五十公分的地方衝進去，一衝入就用同側的拳出拳，相當於實戰中第一擊的一種拳法。

有關近打和掌擊，以後會說明。

測定結果如表13。

鉤拳在日本拳法、泰國拳的直拳（逆拳）的衝擊力，強弱的程度差不多，但是在空手道方面，數值較小。中國拳法的圈捶接近手刀的「打型」技法，持續時間T_1，比其他三種技法短，但是衝擊力也小，這是因為只能利用手和前臂的運動量的關係。

從結果中已經可以確知，將少林寺拳法高段者的情形（表9）也包括在內，「鈎拳比直拳強」，但是有關衝擊力的強度，是另一個問題。

順拳並沒有來自外來的訊號，而是依照本人最適當的時機衝進出拳。衝擊力的最大值 f_M 和全衝量 S_1 都比逆拳小，但是比連打的第一拳大。只有泰國拳比其他的 f_M 小，可能和類似拳擊的刺擊一般，前一拳輕打，然後再出拳的習慣有關係。

17. 令人驚異的秘傳——中國拳法的「寸勁」

中國拳法的近打（寸勁）和掌擊，可以說是順拳的一種特殊情形。

近打的衝擊力

近打是拳頭距離打擊區約十公分的地方開打，而掌擊是掌已接觸到打擊區，再用力。中國拳法稱作「寸勁」和「短勁」，是從短距離出拳的秘傳技法，測定的目的就是要研究秘傳。

從快速攝影的影片來看，接近打擊區的掌成拳，一瞬間，整個手臂會顫動，往後拉十公分以上，然後再向打擊區加速，速度快的用肉眼根本無法看到出拳或

距離打擊區10cm的地方近打的中國拳法的M選手。用極為合理的方法，自短距離發出很大的衝擊力。

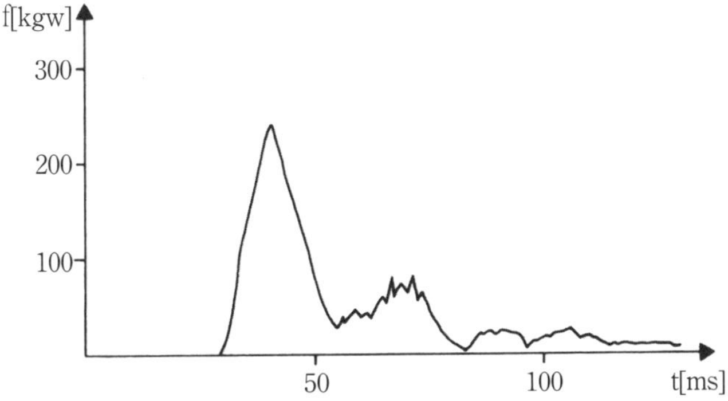

圖7　中國拳法近打的衝擊力曲線

出掌往後拉的動作。

近打的衝擊力曲線如圖7，第二個尖峯可能由於胴體的運動量缺乏衝擊力。看看表13的數值，雖然最大值f_M比順拳小，但是全衝量S_1比順拳高。如果包括第二尖峯的衝量，S_1就更大了。中國拳法出拳是以「不傷及表面，卻破壞內部」或「具貫穿力的拳法」來表現。以最大值f_M比例來說，全衝量S_1大的衝擊力，可能有秘密存在。希望有機會做更精密的測定。

其他的格鬥技法並沒有從這麼短的距離出拳。有的人相信——儘量用長距離加速出拳，衝擊力才會大。這只是戴著科學的假面具做判斷，下一章詳細分析架勢的時候，觀念就會很清楚，筆者雖然是初學，但試著按力學去分析近打，最大值f_M約是一四〇kgw的紀錄。

18. 回旋踢的衝擊力真的勝過前踢嗎？

前踢和回旋踢的衝擊力

前踢通常是用後腳（有時用前腳）直踢的技法。為了以水平方式踢

中國拳法的蹬腳　有名的陳家太極拳所使用的一種踢腿技法

對方，有時先將膝蓋拉近胸部，好像要往前踏出去，將腰部推出，用足底或前足底來踢，中國拳法的蹬腳接近這種踢法，不過整個腳的動作類似橫踢。斧刃腳是中國拳法獨特的踢法。

回旋踢是很熟悉的泰國拳技法，但是相似的中國拳法的括面腳，是以伸直腳的狀態，由外向內揮動，用腳的拇趾側來打對方，所以和其他三種格鬥技法有一些不同。

測定結果如表14。代表性的衝擊力曲線如圖8。

看看衝擊力的最大值 f_M。無論是前踢或回旋踢，空手道都有最高數值的紀錄，超過逆拳的衝擊力。其他三種格鬥技法的衝擊力和逆拳差不多。

比賽時，使用強勁前踢的S選手。在點到為止的比賽中比較常用出拳的技法。不過，考慮衝擊力之餘，踢的效果也不能忽視。

	格鬥技法的種類	最大值 f_M（kgw）	持續時間 T_1（ms）	全衝量 S_1（kgw·s）	備考
前踢	空手道	456 660	21.0 129.0	3.34 18.31	前足底 底足
	日本拳法	409 472	160.2 (24.3) 132.3 (27.5)	16.64 (2.87) 13.65 (5.83)	前足底直踢 底　　足
	中國拳法	551 447	128.8 (25.2) 19.8	10.88 (4.89) 3.59	蹬腳 斧刃腳
	泰國拳	521 254	17.7 154.8	3.77 17.89	前足底 左前踢
回旋踢	空手道 日本拳法 中國拳法 泰國拳	560* 425 496 434	18.5 27.5 25.1 22.0	3.75 3.94 3.75 3.15	脛部 背足 括面腳 脛部

*推定值。( ) 內只是衝擊力曲線最初的尖峯部分

表14　前踢和回旋踢的衝擊力

(1)、(2)、(3)、(4)是推進型的前踢，而逆上踢型前踢的衝擊力曲線和(5)的回旋踢的曲線形狀相同。

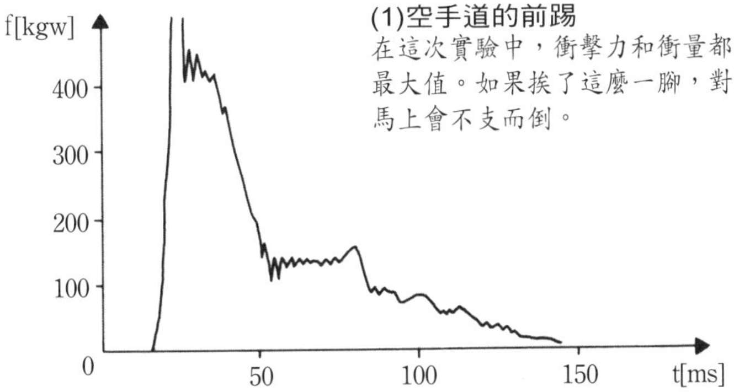

(1)空手道的前踢
在這次實驗中，衝擊力和衝量都是最大值。如果挨了這麼一腳，對方馬上會不支而倒。

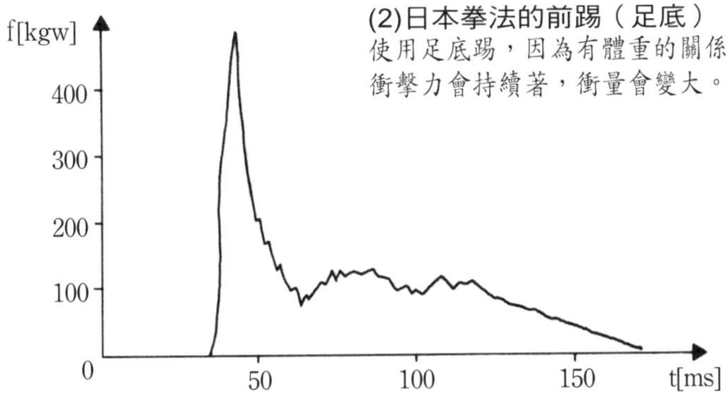

(2)日本拳法的前踢（足底）
使用足底踢，因為有體重的關係，衝擊力會持續著，衝量會變大。

圖8　前踢和回旋踢的衝擊力曲線

(3)中國拳法的蹬腳

最初（左）的尖峯是以很大的衝擊量打擊對方，接著能較平坦的曲線所示，以很大的衝量將對方踢開，這就是此種技法的特徵。

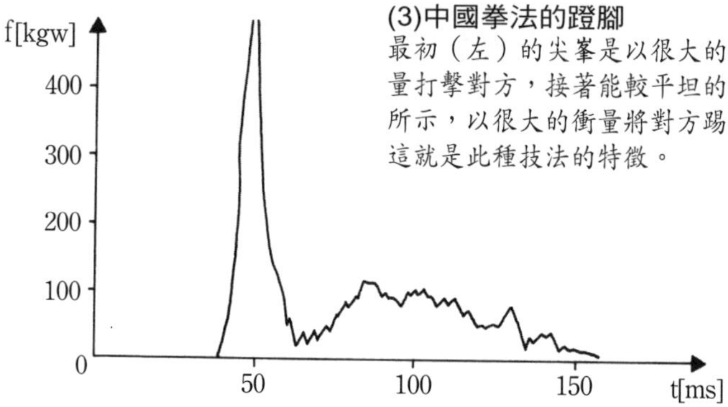

(4)泰國拳左腳的「前踢」

衝擊力雖然不高，但是衝量非常大，是能有效瓦解對方體勢的技法。

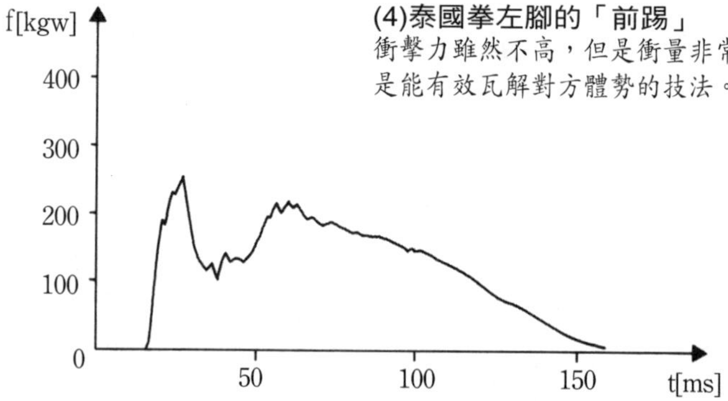

(5)泰國拳的回旋踢

不同於前踢的推進，衝擊力只是短暫的。

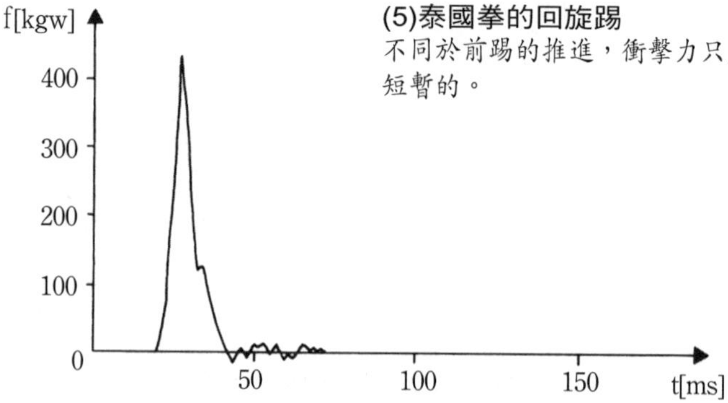

回旋踢和前踢（前足底）的衝擊力曲線高度（T_1）差不多相同。雖然說回旋踢比前踢有威力，但是和少林寺拳法高段者的實驗結果相同，已經可以確認衝擊力是不變的。

前踢的情形中，除了空手道和泰國拳的前足底，以及中國拳法的斧刃腳之外，因為加上了體重，所以衝擊力的持續時間T_1或全衝量S_1會特別大。和普通的前踢相比較，將對方踢開的作用力很大。特別是泰國拳的「前踢」，目的不在使對方造成傷害，而是瓦解對方體勢。全衝量S_1＝一七・八九kgw，如果對方體重是六十kg，根據計算，對方會被以秒速二・九公尺的速度踢到空中。但是，以表14大的全衝量而言，因為打擊區固定在鋼筋水泥牆的條件限制下，就沒有那麼大的全衝量。

有關各種技法，在圖8的衝擊力曲線加上了說明。技法的目的，這可以從衝擊力曲線的形狀中看出來。實際上被踢的時候，可能也能感受到衝擊力曲線上形狀的差異。

19. 威利向肯尼挑戰

其他格鬥技法的衝擊力

前項空手道的選手，是屬於「點到為止」的流派，空手道也有實打的流派。因為是實打，所以衝擊力的重要性比較具體。這和點到為止的流派有某些差異。

筆者得到一個解開疑問的機會，受NHK電視台的委託，測定極真會系統二名外國選手（表15）的衝擊力。

一位叫做威利，曾經在「世界第一的格鬥技法決定戰」中出場，更確實的說，威利曾和熊戰鬥過，而贏得「熊的剋星」的美稱。威利身高一九六公分，體重一百公斤。

另一位叫做肯尼。身高一九七公分，體重九八公斤，在極真會的第三屆世界大賽中，出盡了風頭。這兩個有「人間風車」綽號的選手，其測定結果如表16。在電視的螢幕上，測定器是由人從後面支撐著，實際上應該牢牢貼在牆上來

被實驗者	身高（cm）	體重（kg）	年齡（年）	段位
威利（美國）	196	100	32	3
肯尼（南非）	197	98	34	4

表15　極真會系統的空手道外國選手的身體特徵和其他

被實驗者	技法	最大值 f_M（kgw）
威利	右逆拳	296
	左逆拳	265
	右肘打	329
肯尼	右逆拳	310
	左逆拳	240
	右肘打	386

表16　極真會系統的空手道外國選手的衝擊力

沒有出現在電視畫面上的實際情景。將測定器緊貼在牆上，來測定衝擊力和肘打。

輕量級（7名）		中量級（8名）		重量級（7名）	
體重（kg）	f_M（kgw）	體重（kg）	f_M（kgw）	體重（kg）	f_M（kgw）
49	160	61	209	78	222
50	212	61	133	80	296
56	166	63	206	81	246
57	169	65	271	82	271
57	166	66	242	86	343
57	242	71	343	92	236
59	129	71	203	106	320
—	—	71	285	—	—
—	172±25.6	—	237±56.6	—	276±41.9

最下欄的數值是f_M的平均值和標準差（kgw）

表17　德國拳擊選手衝擊力的最大值

測定。

令人感到相當預外，二人衝擊力出奇的低，只有三百kgw左右，和原先預定的一千kgw，差距太大，其實理由很簡單，二人在前一天的世界大賽中都出場了，拳和腿都受到相當程度的傷害，看起來十分疲倦，不是很熱心的擊向測定器。

拳受到了傷害，就無法將身體的運動量傳到打擊區。如果腳受傷，力量來源的下半身，就無法發揮傳遞的功能和作用，可能就是因為這種不良條件的影響，才會有這麼低的數值。

以德國研究者所測定拳擊選手的衝擊力為參考，將其結果列於表17。測定的方式就是將沙包裝滿水，然後吊起來打，由水壓的變化求衝擊力。合計有二十二名選手，觀察其左右直拳和鈎拳的衝擊力，取其中最大值f_M最高的，做為選手的f_M。

根據測定結果，直拳和鈎拳的衝擊力並沒有什麼差別，可能是技術水準參差不齊，正如理論上認為，體重愈大的選手，衝擊力愈大。

拳和掌，空手和戴拳套，那一個強？

空手道完全是鍛鍊拳頭，而少林寺拳法對於拳頭固定的訓練，也是很徹底的。但是，中國拳法的某些流派用掌比用拳多。彼此對「拳頭」的看法並不一樣，究竟哪一個才是真的呢？

拳頭握的很堅實，打人一定會很痛。但是衝擊力自拳頭本身前進的衝勁（運動量），發生作用的部分比想像中小，只有整個手臂衝擊力（正確衝量）的七成左右，剩下的三成是發自胴體的運動量，當然，這個比例還要看出拳姿勢而定。說起來，拳頭只是將全身力量傳送到目標的道具而已。

手足由二十幾根骨骼所構成，可是出拳時實際上打到目標的，只是掌骨的前端。大部分的衝擊力透過掌骨傳到目標。

從X光的照片中看出，這塊骨骼相當的細緻，必須握緊拳頭，用肌肉的力量支撐，才能忍受很大的力量，如果沒有握緊，小指的掌骨打到硬的目標，就會發生骨折。

拳還有一個弱點。連接拳和前臂手腕的關節，並不是很牢固。練拳靶的目的之一，就是做使手腕固定，衝擊力絲毫不損失的傳到目標物的訓練。

掌並沒有拳的兩種缺點。自前臂傳來的衝擊力，透過腕骨，直接傳到目標。根據測定，出拳和出掌的衝擊力大致相同，有時掌較強勁。

拳也有許多長處，因為比掌長幾公分，以拳頭的小面積打目標，所以壓力(單位面積所受到的壓力)較大，對於某些要害，比掌的效果大。

依照各種格鬥技法測定的經驗來說，用空手擊打堅硬的目標物時，練空手道的人比較不會傷到拳頭。

其次，將空手和戴拳套做比較。

一般人以為在拳擊比賽中，戴拳套是為了減弱衝擊力，這是一種錯誤的觀念。根據衝擊力測定實驗，戴拳套比空手的衝擊力還大。因為戴拳套的時候，手不會覺得痛，就會盡全力打。

在這些實驗中，空手道選手如果覺得衝擊力不理想，就會怪罪測定器打擊區的覆蓋套，好幾次都想把覆蓋套拿掉。但是，覆蓋套拿掉之後，大致情形相同，衝擊力反而變小了。

拳套和覆蓋套都具有緩衝的作用。普通拳套或覆蓋套受到衝擊力，凹陷下去的部分不過一～二公分，而出拳的最高速度是秒速十公尺，僅僅是千分之一、二秒的時間，就可以把覆蓋套打扁。在這其中，拳會遲疑的減速，但是最長也只是千分之四秒。

所以，不論有沒有使用拳套或覆蓋套，出拳的衝擊力在千分之二十秒左右，幾乎是相同的。衝擊力的最大值，反而是赤手較小。

打到臉部，對腦的衝擊效果，空手和戴拳套大致相同，有時戴拳套較大。

手的小骨是以韌帶連結

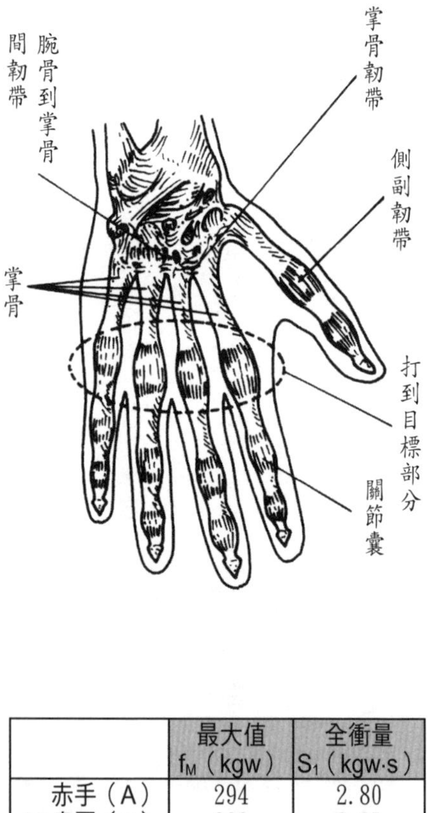

	最大值 f_M（kgw）	全衝量 S_1（kgw·s）
赤手（A）	294	2.80
12盎司（B）	339	3.65
比率 B/A	1.15	1.30

S五段逆拳的衝擊力

但是，拳打到身體，使身體受到傷害的效果，戴拳套要大的多了。如果是空手出拳，肌肉的力量會彈回來，但是戴拳套的話，瞬間會產生令人窒息的衝擊。僅僅以空手和戴拳套的衝擊力大小之差，是無法說明這種情形的。

雖然還是在推測階段，要解開這個問題，可能在於衝擊力的衝量之差。

衝量是衝擊力愈大，持續時間愈長則愈大。自第一章的表6（少林寺拳法高段者逆拳的衝擊力）將S五段衝擊力摘錄下來，製成另一個表。以十二盎司的拳套和空手相比較，衝擊力增加百分之十五，但是全衝量大幅增加了百分之三十。

中國拳法的近打和掌擊，據說具有「貫穿力」，和這種情形是有關連的。自表13中得知，以衝擊力最大值的比例來說，全衝量如此大，是令人矚目的。

在拳擊賽中為何要戴拳套呢？因為拳頭打到臉部的時候，接觸面變大，力量分散，避免某部分承受很大的壓力，如此一來，可以預防皮膚破裂，臉骨凹陷，不過對於腦部的衝擊力，戴拳套比空手稍微大了一點，所以戴拳套造成的死亡率較高。

如果針對要害攻擊，空手在神經上的效果勝過戴拳套，這是很明顯的。綜合分析起來，不論戴拳套或空手的危險性，並沒有任何差異。

將稻草捆起來，以鍛鍊拳頭的空手道專家，拳頭上往往長了一層厚厚的繭，因為繭並不是很堅硬，所以，就有如拳頭上戴著薄薄拳套的效果。在打磚塊的時候，由於繭能阻止巳大的壓力作用於拳頭的一部骨骼上，以防止骨折。

如果將木板拋向空中劈的時候，必須在極短的時間內傳送拳的運動量的情形，空手比戴拳套有利。

《明白了！就可以試劈了！》

第二章　試劈的要領

日本空手道或中國的氣功，為了試驗出拳或踢腿的威力，不斷地試劈。一般打擊的目標是木板、瓦片、天然石塊、磚塊、空心磚、混凝土等，有時也用大冰塊、球棒、啤酒瓶等。這一章的主旨就是解一些力學上有關的試劈要領。

1. 認識最合理的打法

試劈的基礎知識

具有經驗的任何人都知道，試劈有兩點很重要：

(1) 給予目標垂直的力量。
(2) 瞄準目標的正中心。

現在就來說明力學上的理由。

首先，有關於(1)。如圖1，假設以斜的衝擊力f打目標的中心A，對於劈開目標物的有效衝擊力，只有和A面垂直的成分$f_{\perp}$（箭頭雖然沒有A點，但是力量是用在A點）。假設力量f是以傾斜角度$\theta = 30°$用力，$f_{\perp} = 0.87f$，損失了百分

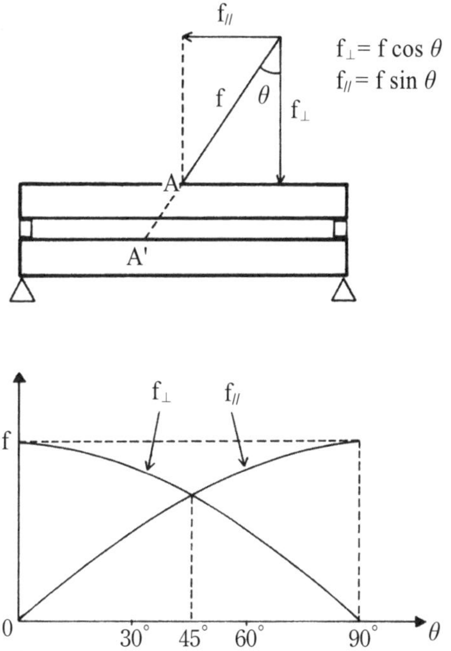

圖1　斜打目標時，有效的力$f_{\perp}$，挪動目標的力$f_{//}$。

之十三，如果$\theta = 45°$，則$f_{\perp} = 0.71f$，損失將近三成。但是如果θ在20°以內，力量損失也在百分之六以內，所以目標如果只有一塊時，不必過分的神經質。但是，木板有間隙，幾塊重疊起來，按順序劈的時候，一旦力量f的角度傾斜，作用在最上面的木板中央A點的力，到達下面木板的面上，就會離開中央，作用到A'，這種現象就像後面要再做

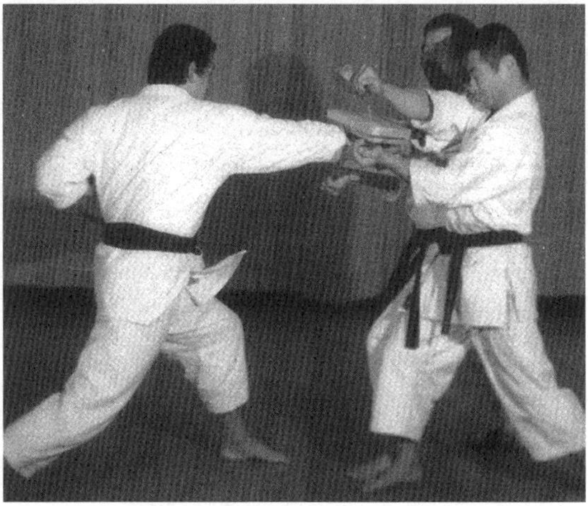

試劈時，力量要垂直的朝向目標，並且作用在正中間。

說明的情形，力量損失很大。將瓦片重疊劈的時候，情形也相同。

和A面平行的成分$f_{//}$，對劈目標物是沒有效果的。只是有水平方向的作用。要劈好幾塊重疊的木板或瓦片時，由於平行力量$f_{//}$和上面的木板脫離，所以力量無法作用到木板面。

結論，以兩端不易滑動的支點來支撐，如果目標只有一塊，衝擊力的方向多麼傾斜也沒有什麼關係。但是，對於疊了好幾塊的目標，就要注意朝著目標物的面，垂直的打。

其次，和目標面成垂直的衝擊力f，因為未瞄準目標，作用於中央的A

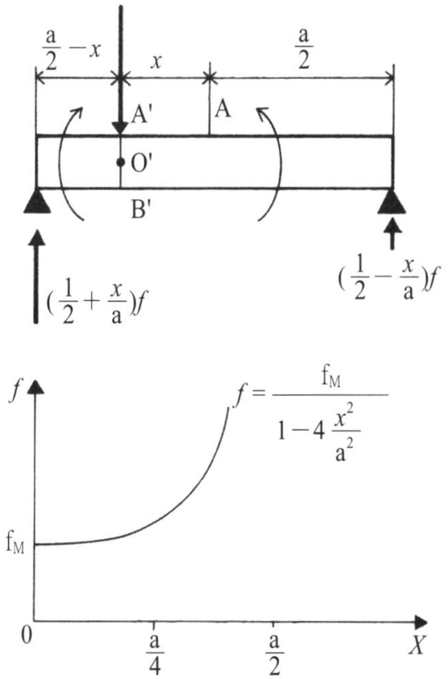

圖2　打到距離中央A點X距離的A'的情形

點，而是有x距離的A'點（見圖2），想不通這個道理的人，只要看看結果就知道了，和命中中央A點（$x=0$），圖2的情形是不相同的。

兩端的支點，各有大小不同向上的力作用於目標，以圖2來想像，右端的力量想要將目標右半邊，以到O'點的距離，向左邊回轉，左端的力量將左半邊向右回轉，這兩個回轉的力矩，和作用於斷面A'B'的壓力和張力相對抗，而取得均衡，以後的計算步驟比較複雜，省略不談，只看結果就好了。

作用的力離中央的距離是 x 的時候，劈目標所需要的力f，如下：

$$f = \frac{f_M}{1-4\frac{x^2}{a^2}}$$

當然，$x = 0$ 的話，則 $f = f_M$，如圖2的平面座標圖。

打擊點如果在中央A點和支點中間（$x = \frac{a}{4}$）時，$f = \frac{4}{3} f_m$。所以，衝擊力如果不增加三成以上，就不能把目標劈開。若打擊點自中央向支點挪動三分之一（$x = \frac{a}{6}$），則 $f = \frac{9}{8} f_m$，只要增加百分之十三的力量就可以了。用力的打，以增加衝擊力是很重要的，但是如果打擊點距離太大，就會造成反效果。如果距離挪動三分之二（$x = \frac{a}{3}$），則 $f = \frac{9}{5} f_m$，需要的衝擊力接近兩倍，劈開目標的希望渺茫。特別注意的一件事，類似磚塊這種支持幅度小的情況，就必須打中央。

2.利用位置的能量來劈瓦片

劈瓦片的要領

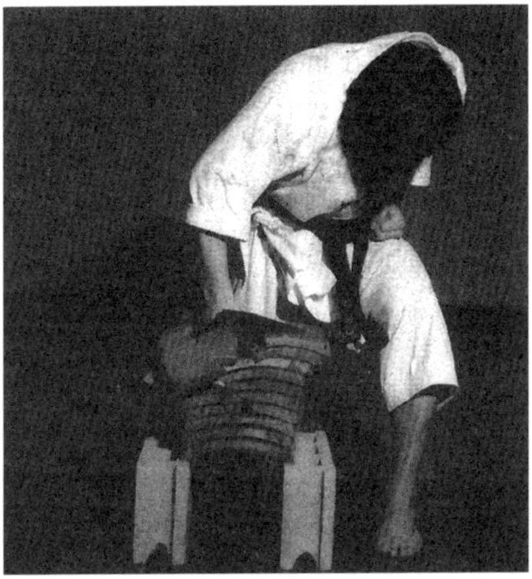

藉用上半身跳起來的力量來劈，
就是劈瓦的要領

試劈的基本注意事項已經知道了，現在看看將幾塊有間隙的木板重疊，然後劈開的情形，或劈幾塊瓦片的要領。

這種情形是木板或瓦片從上面一塊塊的裂開，而應該加的衝擊力，只要劈開一塊的大小就可以了。

要將全部劈開，是很花費時間的，這時就必須持續衝擊力。如果用拳，拳要一邊打破木板或瓦片，一邊以全距離（保持有時十公分，有時二十公分）突進，必須持續一定的力量。

力量如果長時間作用，衝量就變大。如果使用拳頭，打到目標之前的身體運動量中，有效傳到目標的分量和衝量相等。

運動量=質量×速度

所以，加大拳頭的速度是很有力的。但是，如果拳頭質量小，速度只是稍大，運動量的增加也不大。所以，要想想如何將全身的運動量做有效應用，是比較好的對策。

有一位空手道專家，使用正拳劈開二十塊瓦片，剛開始的時候，把手伸直，高高地跳起來，然後用拳打在瓦片上，如果出拳時手臂彎曲，手肘就有緩衝作用，身體的運動量就不能藉由拳，使用在瓦片上。這是不是可以稱為正拳試劈呢?總之，是將全身的運動量做最有效的利用。

像這種方法，持續衝擊力雖然很有利，但是要發揮瞬間最大的衝擊力是很難的。對於磚塊、空心磚等，以重視手臂運動量的普通拳法比較好。

如果使用和前述所提的空手專家相反的肘和手腕的速拳來看。拳頭或拳背的速度大，運動能量也大。但是依照比例來算，運動量不大，這是為什麼呢?因為運動能量是以速度平方增加，可是運動量就像先前的公式，是以一次方增加。意識就是說，速度增加兩倍，運動能量就變成四倍，而運動量只是兩倍。

有效運用速拳是很難的，一般要加上體重，將全身的運動量傳到目標。發揮速拳威力的架勢，在拳能打到目標時的瞬間，全身的運動量有變小的趨勢。

運用速拳這種拳法，運動能量和運動量會變小。因此無法持續衝擊力，只能劈開上面幾塊瓦片。

到這裏，讀者可能會有一個疑問——拳頭或拳臂保持的大的運動能量那裏去了呢？接著就來探討這個問題。

一般的木板或瓦片等，受到其他物件衝擊的時候，物體質量愈小，運動能量愈易分散。因為拳頭或拳臂的質量較小，所以，就必須給予超過木板或瓦片力量的運動能量。在打破幾塊瓦片仍持續前進中，運動能量已經沒有了。但是被打破的瓦片，受到企圖破壞的能量，所以會碎掉。

利用全身運動量時，因為質量大，所以打到目標時，能量散失的比例很少，所以可以突進到最後。像瓦片一類自地面疊起來的物件，由上往下劈，身體重心降低，降低部分的位置能量，會轉變成全身的運動量，這大小和質量成正比，所以要依靠質量小的手臂出拳，不如利用全身運動量出拳，因為重心降低了，運動量的補給就增大了。

3.空中踢板的速度比衝擊力重要

空中踢板的要領

和劈瓦片的難度不同，試劈時並沒有固定的目標。普通的磚塊要劈就已經很難了，如果懸空劈，不是一流的高手是劈不開的，其中的理由就是兩端沒有支點的目標。

通常有支點時，自支點有反作用力量，但是懸空時，自支點並沒有力量傳來，所以目標會移動。

沒有來自支點的反作用力，為什麼拳頭可以將力量傳到目標呢？要解開這個疑問，必須運用到慣性定律，也就是物體停滯在同一個地方的性質。

如圖3。本身想停留在某一個地方的現象，稱為慣性定律，作用於各部分的

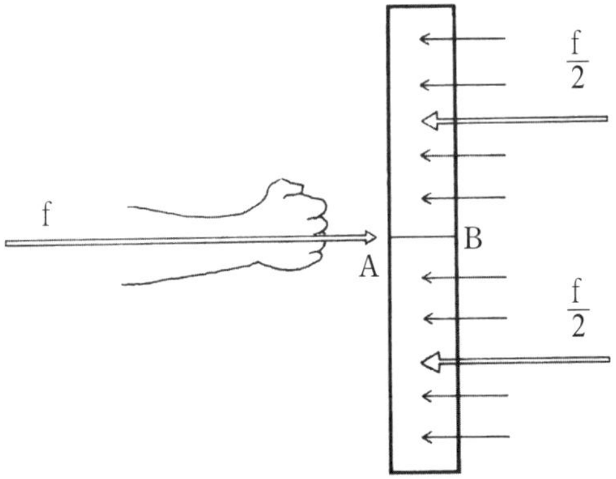

圖3　打到沒有支點的目標時所發生的量（向左邊的白色箭頭是作用於目標上半部和下半部各部分綜合的慣性力）。

力短，就會替代反作用力，利用斷面AB，將目標打破。

假設在某瞬間的衝擊力f作用於質量m的目標，目標以加速度a移動，這三種量之間的關係如下：

衝擊力＝質量×加速度

$f = ma$

假設用拳頭打懸空質量五百公克的木板，以秒速五m打出。拳頭打到木板的時間，假設是千分之五秒，加速度（＝速度÷時間）a。

$$a = 5\,\text{m/s} \div 5/1000\,\text{s} = 1000\,\text{m/s}^2 = 102g$$

變成重力加速度的一百倍，即木板重量一百倍的力，平均約五十倍的衝擊力作用於此。

但是，以同樣的秒速五m打木板時，設木板的加速花了一千分之二十秒。加速度a就變成原來的四分之一。平均衝擊力減少變成四分之一。

由此看來，打破懸空目標的要領，就是儘量在短時間內傳遞更多的運動量，給予目標大的加速度，最重要的是要求出拳的速度。出拳愈快速，愈能瞬間加速目標。

如果是輕的木板，能傳遞力量的就是拳頭，所以儘量發揮快速出拳，或者揮動整個手臂的出拳法，出拳速度大於直拳。如果目標是較重的磚塊，那麼整個手臂的運動量都能傳遞，但沒有時間傳遞胴體的運動量。因此，要加上體重，不如將整個手臂像用刺刀的架式，快速的衝，比較有力。

想踢破懸空的目標時，腳尖要充分的翹起，前足底直接的接觸。我也曾經向試劈挑戰。如果投到空中的是薄板，用正拳就可以打破了。可是用踢的時候，木板雖比用拳時更強勁的飛來，卻幾次都踢不破，經過檢討才知道，因為腳尖先接觸之後，再碰到前足底，所以加速木板的時間長了，加速度小，和其成正比的衝擊力也變小了，當然踢不破。

最後，來看看打破懸空的目標必要的衝擊力，和目標兩端有支點時相比較。如圖3，目標向拳頭推回來的兩種力量大小是$f/2$，和兩端有支點時是相同的。這是因為作用點不是兩端，而是距離中央A點向兩端各一半的位置，支點的寬度愈寬，愈容易打破。

可是力量作用於離中央愈遠的地方，打破目標的力短就大了。也就是如圖3所示的兩個力量$f/2$，只是兩端有支點時一半的力矩（moment），所以衝擊力f需要有兩端支持時的兩倍。

不談懸空的目標，即使不懸空時，衝擊力就已經很難發生了，況且沒有兩倍的衝擊力就無法打破。和兩端有支點時相比較，難度如何就很容易了解了。

但是嚴格的說來，懸空的目標加上衝擊力時，並不像兩端有支點時僅僅是單純的彎曲，有複雜的振動，內部發生的壓力和張力等極為複雜。「必要衝擊力的兩倍」只是大概的標準而已。

4. 試劈天然石時，要將石塊稍微提高

如果對自己的手臂有充分自信，只是劈木板或瓦片，當然覺得不過癮，有很多人都向試劈特殊的目標挑戰。現在以力學的觀點來看看以下幾點。

劈天然石的要領

首先，劈天然石，如圖4－①所示，在鐵砧上方，用單手拿細長天然石的一端，用另一手形成手刀劈A點，即使試劈成功，石頭也不會斷成兩半，頂多只是缺了一角。

第一次看到這種技法的時候，會覺得相當的了不起，同時會產生疑問——並沒有牢牢的支持石頭的兩端，只是用單手拿著一端。像前面所提到的，目標物的兩端有支點，比懸空的目標物容易打破的多。和石頭的硬度相比較，人的手還十分脆弱的，所以用單手拿著一端，和沒有支點的情形是相同的，即使力的一端放在硬的鐵砧上，以力學的觀點來說，幾乎是不利的，為何用不利的條件，向劈天然石的困難挑戰呢？讀者一定十分的訝異。

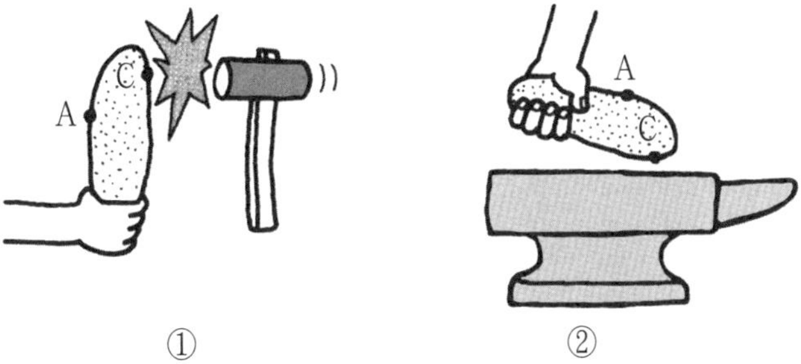

圖4　劈天然石的要領就是事先將石頭稍微提高

其實一旦知道了答案，就沒什麼稀奇了，經由超快速攝影的影片放慢動作來看，圖4－①的天然石一端C，在手刀接觸的瞬間，提高了幾公分。就在這幾公分之間，石頭往下加速，C點很快的碰到了鐵砧。也就是以手刀的力量，使石頭加速，打破天然石的衝擊力，是由鐵砧反作用於C點的。所以，石頭並不一定由A部分裂開。

簡言之，等於將石頭打在鐵砧上，和圖四－②，以手支撐石頭一樣，以鐵鎚打C點加以衝擊，道理是相同的。

為了避免引起誤解，特別要說明的並不知道這種要領，劈天然石就那麼容易，劈自然石只是藉由這種要領。如果是試劈有支持的天然石或懸空劈，就不適用了。特別要提醒讀者，不要隨意向硬石挑戰，以免手受傷。

5.劈啤酒瓶時要瞄準瓶頭

劈啤酒瓶看起來比劈天然石更為神妙。這是一種用手刀劈啤酒瓶上端較細的部分劈開的技法。玻璃是硬的，如何用手劈斷，真令人訝異！

劈啤酒瓶的要領

這種技法也有要領。如圖5這類的瓶子，以手刀朝接近尖端的A部分打。因為瓶子通常是不固定的，所以力學上和懸空的目標相同。由於慣性定律，瓶子想停在原來的位置，利用手刀的衝擊力f，瓶子細的部分AB，有以B為軸朝左轉的力矩N的作用，這個力矩公式如下：

力矩＝力×回轉半徑

$N = f\ell$

在B點，粗細交接的部分，一般容易集中應力。由於力矩N的作用，B點產生了很大的應力（拉的應力），所以瓶子會自B點折斷。

說的更詳細一點，玻璃不怕壓縮，但是對於和木頭差不多同樣強度的拉力，只是B點的部分被拉斷，應力會集中，瞬間就會折斷。

劈瓶子的要點提出如下：

(1)儘量使用裏面裝水或裝沙的瓶子。

(2)選擇細的部分長的瓶子。

(3)瞄準瓶子的上端，用手刀打。

(4)不選用有斜尖部分的瓶子，儘量選擇粗細交接分明的瓶子。

(5)儘量用上端部分細的瓶子。

綜合上述，(1)所述，目標愈重，產生的衝擊力f愈大。(2)和(3)是要將回轉半徑ℓ變大，力矩N的值就會大，使用(4)這類的瓶子，B點比較容易產生大的應力。(5)則是薄板比厚板較易打破的理由。

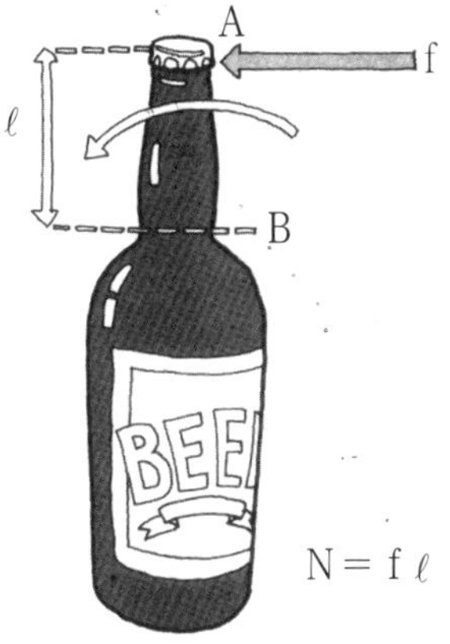

圖5　劈瓶子也要運用力學上的要領

符合了這五個條件之後，在B點的部分用刀弄成小小的龜裂，應力更容易集中。還有，在B的周圍，使用浸過油的草，綁起來點火，因為產生用肉眼看不到的龜裂，所以容易折斷，如果用來試劈，算是斜門歪道，用來娛樂或嚇唬人是可以的。但是要留意，不要被破碎的玻璃片傷到手。

6. 劈冰柱時要有足夠的間隙

劈冰柱的要領

劈四塊冰柱是很過癮的試劈。如圖6，相當大塊的冰柱之間留有間隙，四塊疊在一起，用手刀劈的技法。因為至少要有劈斷最上層的力量產生，所以這裡以此前提條件來做分析，站在力學的觀點來看——

(1)如果冰塊的重量相同，儘量用細長而平的冰塊。

(2)冰柱和冰柱之間的間隙要足夠。

(3)利用體重，手刀要壓到最後一塊。

關於(1)，直覺上就很清楚了，不過理上也可以證明，因為這種形狀的冰塊，用比較小的衝擊力就能打破，因為一塊冰柱少說也有幾十公斤，第一塊被打破的瞬間，差不多力量就停止了，這個時候⑵和⑶就有幫助。

第一塊被打破的冰柱，會隨著重量往下掉，由上往下用力加速，所以間隙愈大，第一塊冰碰到第二塊冰的速度愈大，衝擊力也大。一塊塊的冰就會破了。

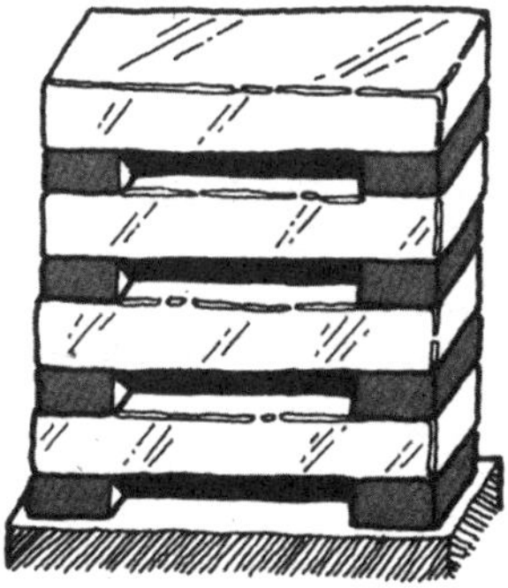

圖6

現在來介紹試劈的最後一種特殊技法。如圖7，豎立在地面的兩根支柱，各綁了一把刀子，刀刃朝上，刀刃上放一個紙圈，然後在二個圈圈中間放一根木棒，將木棒輕輕往下按，紙圈很容易就斷了。這種技法是在木棒最中間的A點，用手刀打，紙圈不斷，使木棒斷成二截。

雖然可以將木棒打斷，但是，容易斷的紙圈卻不斷，就是這種技法值得一看的地方。看起來似乎不可思議，但以力學上來說，這種情形是有可能發生的。

原理和懸空的目標相同，假設木棒在瞬間被打斷，因為A'點是由上加上衝擊

就算知道劈冰柱的要領，試劈仍然是很難的。

力，所以折斷的時候，會朝A'點掉。一方面，木棒的左半邊AB的重心G_1，由於慣性作用，想停在原來的位置，所以不會降到A'那麼多，只會降到G_1'。

結果，木棒的左半邊AB，就會朝右邊回轉，左端B點不但不會降低，反而會升到B'點，木棒的右半邊AG_2C，同樣變成A'G_2'C'，右端C點上升到C'點，不會有任何力量作用於紙圈，所以才不會斷。

以上所說的就是木棒在瞬間折斷的情形。

木棒斷成兩截的時間雖然很短，但是仍然要花一點點時間，在這個時間

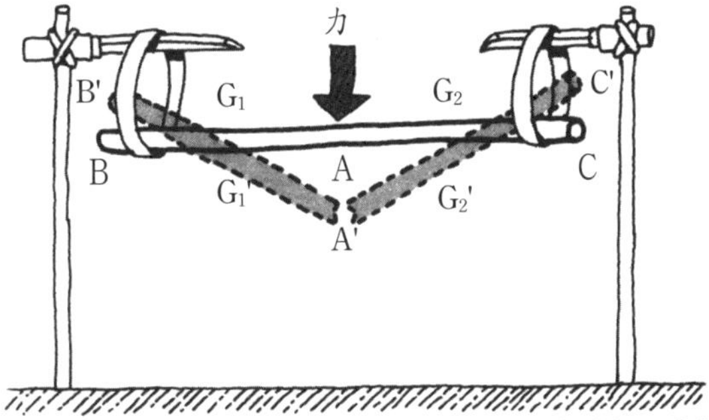

圖7　用掛在手刃的紙圈來支撐木棒，用手刀打斷，看起來很奇怪，但在力學上是有可能的。

中，重心G_1和G_2向下加速。由於紙圈多少都有伸縮性，所以兩端的B點和C點即使降低一點點，紙圈也不會斷。

萬一木棒不完全斷成兩截，在A點形成「<」型的話，由於木棒會彎曲，如果兩端的B'和C'的直線距離不比二個紙圈間隔短，紙圈就不會斷，木棒會掉下來。

整理以上所說的，這種技法成功的要領如下：

(1)選擇確實能打斷成兩截，或接近這種狀態的長度和粗細的木棒。

(2)紙圈的位置儘量一致的放在木棒的兩端。

(3)總圈的面和刀刃呈水平。

記得在孩提時候，曾做過類似圖7用竹子

打，而不是用木刀打。與其說是折斷，不如說是切斷，況且孩子的力量也不可能將竹子切成兩截，只能切到一半，而紙圈當然會斷。

只有一次紙圈沒有斷，不但沒斷，還因為紙圈的壓力，刀子掉了下來，為什麼會這樣呢？情形並不像圖7，只是輕輕的將刀子插在支柱上，沒有綁起來，所以有時紙圈能忍受瞬間相當大的力量。

以上是以力學觀點來分析試劈。請讀者注意，試劈是具有危險性的，為了避免手骨折斷，受碎片傷害，應該在有經驗者的指導下，採足夠的安全對策，再挑戰。

《這是最強有力的架勢》

第三章　格鬥技法架勢的分析

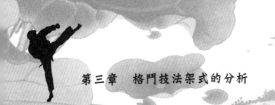

看看格鬥技法熟練者的架勢，由於流派不同，架勢也不同，在外行人的眼中，卻同樣是完美的。但是在高手的眼中，個人間資質優劣的差異是很明顯的。

因為科學的發達，可以用快速攝影來分析架勢，所以，任何人都可以有高手眼光，以打破流派界限的共通語言來談架勢。

這一章就是要介紹分析結果。

1. 架勢數值化

分析架勢的意義

人體的形狀是由骨骼和肌肉來保持的，並且做各種的動作。不論是格鬥技法的種類或流派，人類是生物之一，天生的骨骼和肌肉的構造並不能隨意改變。與生俱來的骨骼和肌肉要配合目的，如果活用——自此產生的就是各種格鬥技法特有的架勢。

這一章要分析幾種格鬥技法的架勢，運用科學的手段，例如空手道和泰國拳的架勢一目了然。為何一定要用科學分析呢？或許讀者有此疑問。

打個比方來說，身體某部分的運動量變成衝擊力，或出拳時手加速的衝力是自身體什麼地方產生的，還有，以這些觀點來看各種格鬥技法力學上的合理性如何等的問題，使用肉眼做定量的判斷是不可能的，要用科學的分析，將之轉變成客觀的數值，才能夠比較。

有關架勢，不同的流派，用不同的說法表達出來，如「腰部放低」、「使用勁力」等這這類的表達法，將它轉變成打破流派界限的客觀性表達法，將不同流派的長處和短處互相作比較，也是科學分析的重要使命。

後面的部分是解說分析架勢的結果。格鬥技法的修行者是如何將身體做合理活用是很明顯的。

2.由快速攝影和電腦所作的動作分析

分析方法

人體由很多的骨骼和關節相連結，如果知道各關節的位置，隨著時間如何的活動，那麼，大約就能完全掌握全身的動作了。

依照這種想法，將人體當作各部分由關節來連接（手、前臂、上臂等），本身是不變形的剛體。

人體的片斷模型（segment model）（圖1），關節就是這個模型測定點的活動，按照必要來測定，就能知道全身活動的情形。

為了了解測定點的動態，這次的實驗就是將從事此種技法的人身體各部位做記號。從旁邊使用快速攝影，以每秒二五〇單位（約高於普通十倍的速度）來攝影。

將沖洗出來的底片，一張張放在動作分析機中，將各測定點的位置輸入電腦，並做消除誤差的處理，可求出各點速度的時間變化。

各部分佔了體重的多少百分比，用解剖屍體來研究。由於體形有個別差異，所以，這個比例也有某種程度的個別差異。

東方男性的平均值如表1，也有在表1中所沒有的情形，但是，各部位的重心位置同樣可以求出。

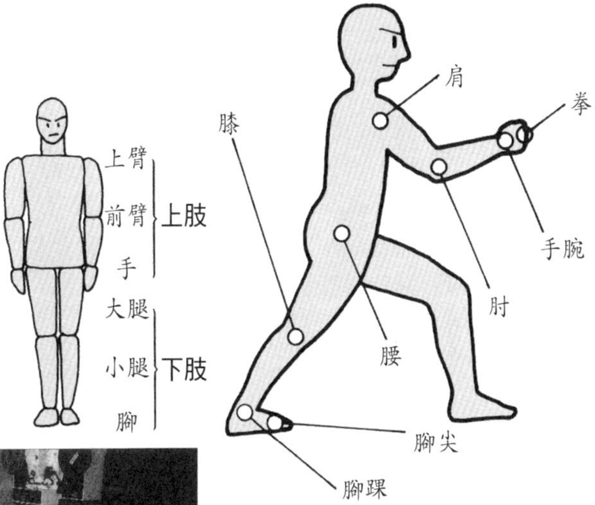

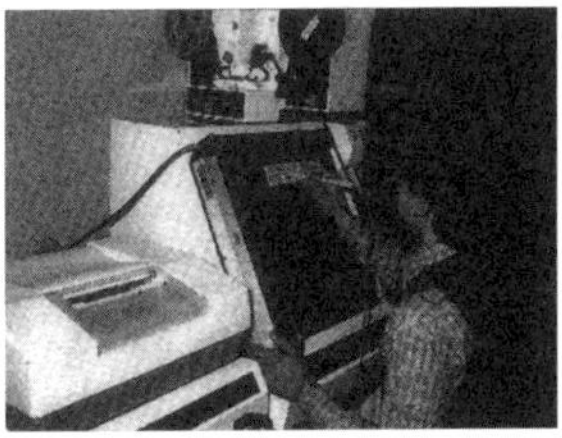
◀動作分析機

圖1　人體片斷模型（左）和這次的測定點（白圈）

部位		部分質量比（%）		體重 70kg 的人的部分質量（kg）	
頭		4.4		3.1	
頸部		3.3		2.3	
胴體		47.9		33.5	
上臂（兩方）	上肢	5.3	10.1	3.7	7.1
前臂（兩方）		3.0		2.1	
手　（兩方）		1.8		1.3	
大腿（兩方）	下肢	20.0	34.5	14.0	24.2
小腿（兩方）		10.7		7.5	
腳　（兩方）		3.8		2.7	

表1　男子身體各部分質量比

3.快速的少林寺拳法和重的空手道拳法

少林寺拳法和空手道速度曲線的比較

最初測定是以大學少林寺拳法和空手道社主將級上段者的順拳和逆拳做比較，為了便於比較，將少林寺拳法二級和未經驗者各一名，加入被試驗者的行列（表2），用快速攝影同時測定衝擊力。

身體各部位向前方的速度（水平的速度）如圖2。關於各人的順拳和逆拳，可分為無目標（空拳）和有目標（打擊部）兩種情形，畫成如圖2的圖表，比較檢討之後得到以下的結論。

(1)不論任何被試驗者，順拳和逆拳的速度曲線的形狀，幾乎是不變的。

(2)關於速度曲線的形狀，少林寺拳法三段（S1）和二級（S2。無目標）的情形，以及少林寺型、空手道（K）、未經驗者（UT）和S2（有目標）的空手道型，分的很清楚。

少林寺型，腰部、肩部、手肘和出拳，按順序速度增加（圖2a），在拳打到

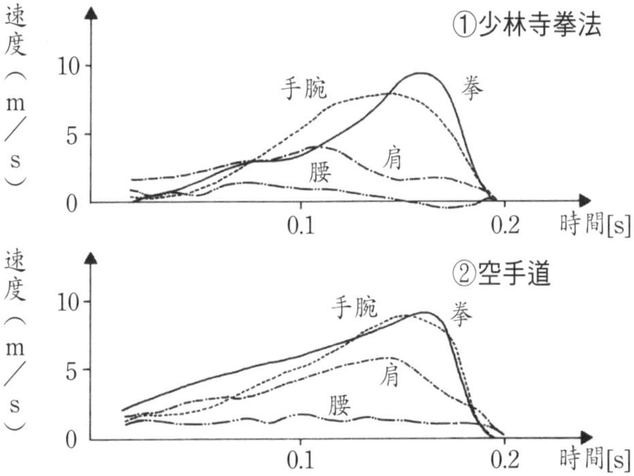

圖2　少林寺拳法和空手道上段者的逆拳（有目標）身體各部分的速度曲線

被試驗者	身高（cm）	體重（kg）	經驗年數（年）
未經驗者	164	70	—
少林寺拳法 2 級	172	60	1.5
少林寺拳法 3 段	179	65	3
空手道初段	165	58	3

表2　被試驗者的身體特徵和其他

被試驗者	技法	拳的最高速度（m/s）	衝擊力的最大值 f_M（kgw）	全衝量 S_1(kgw·s)	上肢的運動量 P (kgw·s)	p/S_1 (%)
未經驗者	順拳	7.48	172	1.99	1.69	85
	逆拳	8.89	227	3.37	2.35	70
少林寺拳法 2 級	順拳	7.00	188	2.08	1.53	74
	逆拳	8.37	220	2.44	1.87	77
少林寺拳法 3 段	順拳	8.30	212	1.68	1.80	107
	逆拳	9.03	210	1.67	1.95	117
空手道初段	順拳	8.20	166	2.35	2.01	86
	逆拳	9.06	241	3.87	2.25	58

表3　各種拳法的最高速度和其他

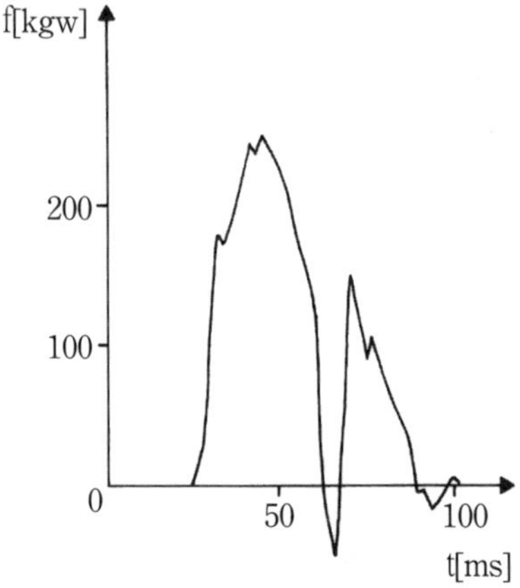

圖3　空手道逆拳的衝擊力曲線。第二個尖峯被認為是由於胴體的運動量所產生的。

目標的瞬間，腰部已經開始退縮了，準備恢復出拳的架勢。

空手道型，腰部和肩部大約是同時動，手肘和出拳晚了一點同時動。拳頭打到目標的瞬間發生前，腰部、肩部和手肘都有很大的速度，並不想把出拳收回來，只是一直朝目標推進。

(3)有目標和無目標，S1、K、UT的速度曲線形狀不變，但是S2的少林寺型變成空手道型，這是由於意識上想對目標增加衝擊力的關係。

(4)拳的最高速度（表3，有目標），逆拳比順拳的速度大。S1和K的數值大約相等，而S2和UT值則略小，並沒有很大的差異。

(5)衝擊力的全衝量S_1，空手道型（K、UT、S2）比少林寺型（S1）明顯增大，這是因為衝擊力的持續時間，後者比前者大的關係。特別是K在衝擊力曲線出現了兩個尖峯（圖3），增加了全衝量。

(6)拳頭差一點打到目標之前，上肢的運動量和衝擊力的全衝量S_1相比較，S1的全衝量小了一點點，K、UT、S2的全衝量相當大，特別是K的逆拳的傾向，相當的顯著。

上肢的運動量是上臂、前臂和手的運動量的合計。即上臂的運動量求法：

上臂運動量＝上臂質量×上臂重心速度

質量由表1求出，重心速度則由肩部、手肘的速度和上臂的重心位置來計算。

少林寺型和空手道型的特徵，由其他方面來比較：

①少林寺型拳頭的速度，由瞬間突然的加快，但是空手道拳型，出拳時要花費時間，然後慢慢加速。

②少林寺型出拳打到目標的瞬間，因為胴體前進的速度小，所以轉變成衝擊力的只是上肢的運動量。另一方面，空手道型則是腰部和肩部前進到最後，所以

胴體的運動量也可以變成衝擊力。

從這種測定結果來判斷，予人的印象就是「快速而輕的少林寺拳法」、「慢而重的空手道拳法」的差異。

但是由第一章得知，並不能說空手道拳法比少林寺拳法力道強。在這個測定中，空手道選手是以前腳向前方滑動，出拳時，渾身都使出力氣的樣子，這種用力推進的情形，在快速攝影的底片中用慢動作來看，十分的清楚。除了這種測定之外，有關空手道的選手也做了很好的衝擊力測定，但是如圖3的衝擊力曲線出現第二個尖峯，也只有這位選手（然而，這種出現第二尖峯的情形，在這名選手所有的試驗技法中都出現了）。

據這名選手自己表示，為了測定結果，所以他十分用力的擊打目標。也正如這名選手的說法，第二尖峯可能是用力打才發生的。

關於少林寺拳法，後面會分析高段者的速度曲線，可能由於打出去的拳保持伸直狀態，而並不一定提早收回的特徵所影響。除了這一點特徵之外，其速度曲線就是這裡所說的少林寺型。

因為格鬥技法的種類及特徵和被試驗者的個性都混在一起了，所以要加以分辨是不容易的。同樣的，由於被試驗者的條件不一，衝擊力也會在速度曲線上產生微妙的變化。

如果太拘泥於細微的差異，反而得不償失。

4.少林寺拳法的秘密在上半身的活動

少林寺拳法高段者拳法的速度曲線

只要稍微學過格鬥技法有經驗的人都知道，出拳的要領不僅僅只是將手臂伸出來。試者將背部貼在壁上，出拳沒有速度，根本沒有威力。

看看圖2的速度曲線就可以了解，肩部也有相當的速度，如果背部貼在牆上，肩部的速度就變成零，出拳的速度當然大幅度減少。

再從力的觀點來看。

「出拳」的動作，不僅僅只是拳頭，還包括前臂、上臂乃至於整個上肢加速的動作。也不僅僅是上肢，一般物體加速，要給予物體的質量（m）和速度

運動量 *（kgm/s）				全衝量 *	最大值	P/S_1
拳	前臂	上臂	上肢全體（P）	S_1（kgm/s）	f_M（kgw）	（%）
4.53	6.63	7.20	18.4	21.4	206	86
4.40	6.54	6.33	17.3	23.7	217	73
4.97	7.63	8.65	21.3	24.1	231	88
4.65	6.73	6.70	18.1	22.1	196	82
4.77	6.88	7.43	19.1	22.2	193	86
4.62	6.91	7.11	18.6	30.5	270	61
5.57	8.19	9.01	22.8	25.7	247	89

如表3以kgw·s表示的數值乘9.8就變成此表的kgm/s的數值

（υ）相應的運動能量。運動能量和速度的二次方成正比，比方說物體要自秒速五公尺加速到十公尺，後者就必須有四倍的運動能量。如出拳時物體（上肢）加速的距離一定時，單純的計算，出拳秒速五公尺的速度加速到秒速十公尺，後者要以前者一半的時間將加速完成。

給予物體加速，平均力的公式如下：

$$平均力=\frac{最後運動能量}{加速需要時間}$$

最後的速度不是五公尺，而是十公尺，那麼在半分鐘的時間內必須給予四倍的運動能量，所以需要的力量是4÷1/2＝8倍。物體要加速到這麼大的速度，需要的力量當然要積極的加大。

第四章說明，人類的力量是由肌肉的收縮所產

被試驗者	技法	質量（kg）			速度（m/s）		
		拳頭	前臂	上臂	拳	前臂	上臂
A6段	順拳 順拳 逆拳	0.59	0.99	1.74	7.66 7.43 8.48	6.72 6.63 7.73	4.14 3.63 4.97
M5段	順拳 順拳 逆拳 逆拳	0.64	1.07	1.88	7.27 7.46 7.23 8.71	6.32 6.46 6.49 7.69	3.56 3.95 3.78 4.79

表4　少林寺拳法高段者出拳時身體各部位的速度、運動量以及衝擊力的全衝量

生的，各肌肉能發揮的力量和重量成正比。上肢的肌肉就是能屈伸手肘或肩部開節的肌肉，從表1也看得出來，大約是下肢的三分之一，使用很大的力量將上肢加速到很快的速度，提高出拳的威力，必須動員下肢和胴體的大肌肉。

現在就來解說少林寺拳法高段者的拳法和關於身體各部位速度或運動量分析的結果，並說明力量或上肢的運動能量。

表4是拳頭打到打擊區的瞬間（最高拳速時）上肢的各部位運動量和衝擊力的全衝量的關係。

順拳和逆拳的前臂或上臂速度雖然比拳頭的速度小，但是數值仍然相當的大，運動量是前臂和上臂比拳頭大。拳頭對於上肢全部（和胴體）的運動量要傳到打擊區有相當大的功能，但是拳本身的運

動量，對於衝擊力的衝量，只有五分之一弱而已。

但是，從上肢全部運動量的時間變化來看，拳頭在打到打擊區的瞬間達到最高值。如果間隔太近，運動量尚不完全增大時就會打到打擊區；如果間隔太遠，手臂完全伸直，等到運動量減少時才能碰到打擊區。任何的情形，衝擊力會變小。這不僅僅是少林寺拳法的高段者如此，就是前面測定的被試驗者（表3）也是如此。上肢的運動量在達到最高值是拳頭到達打擊部，也就是間隔適當。

附帶一提的是伸出去的手臂在完全伸直之後會如何呢？A六段的無目標逆拳中，拳頭達到最高速度約秒速八・五公尺，在不到〇・一秒的時間，已經退到秒速約三・五公尺，正可以表示收拳速度快的少林寺拳法出拳的數值。

運動量的時間變化和上肢各部位來看，拳頭快碰到打擊的時候，拳頭和前臂的運動量增加，而上臂的運動量有減少的趨向。各部位合計的上肢運動量，大約接近一定數值之下，緩慢的增加。

也就是把手肘關節伸直，拳頭和前臂雖然加速，但是因為反作用的關係，所以上臂受到前臂後向的力量而減速。

上肢全部的運動量P，在全衝量S_1中所佔的比例，如表4右端欄內的數值是百分之八十前後，剩下的百分之二十是胴體的運動量。少林寺拳法的出拳，是將上半身大大地扭轉，肩部向前推出，所以雖然是胴體的運動量，但是得到打擊區成為衝擊力的，是和出拳手臂同側肩部附近的運動量。

胴體的運動量有作用的機率雖然大約只有百分之二十，但是不要認為這麼少，就加以輕視胴體的活動。上肢有這麼多的運動量，要歸功於胴體的活動，以A六段的逆拳為例，胴體完全沒有活動。表4中雖然沒有提出，但是拳到達打擊區的瞬間，肩部以秒速二・九三公尺活動。單純計算結果，如果胴體不動，上肢各部位就會晚了秒速二・九三公尺。這種結果，從表4看出上肢的運動量由二一・三kgm/s降到一一・六kgm/s，大約減少一半。而且因為胴體的運動量沒有了，表4衝擊力的全衝量也由二四・一kgm/s減少到現在計算的一一・六kgm/s，大約減少一半以下，當然，衝擊力的最大值也同時降低了。

從運動量的觀點來看，也能了解胴體活動的重要性，後面會談到以力量觀點來看，胴體的活動更是重要。

這個測定僅僅是長時間的衝擊力測定，第二天才開始做，可能因為拳頭痛，或受快速攝影機聲音干擾而分心的關係，所以衝擊力的數值中能觀察的實力，並沒有充分的發揮。即使是同一個人，相同的技術，每次都有一點不同的數值，反過來說，也就是任何時刻都能發揮原來力量的，可以說是真正的強人。

5.出拳功率的三分之二是自下半身發出的

由影片分析為何能知道功率，下面簡單的說明原理。

上肢的運動能量和功率

牛頓的運動第二法則：

力＝質量×加速度

這是作用於物體的力和物體的質量，以及自物體產生加速度的關係。力、質量、加速度之中知道任何兩種，根據法則，可以求出另一個因素。

把上肢當作物體，體重知道，根據表1，自上肢構成的部分知道拳頭、前臂的質量。由影片分析，可求得這些部位的加速度，再套上第二法則的公式，就知道作用於拳頭、前臂、上臂的力量。合計這三種力量，就是作用於全部上肢的力量，也就是胴體透過肩部將上肢推出的力量。

從影片的分析就知道肩部的速度，因為功率＝力×速度，所以胴體將上肢推出的力量乘肩部速度，就是胴體推上肢的功率。用別的方法表示，就是單位時間（一秒）的「功」。如果知道功率的時間變化，那麼出拳動作開始之後，在多少時間內做了多少功（自胴體到上肢），就能計算出來。

運動能量的增加份量＝所做的功

上肢運動能量T所增加的就是胴體推上肢的功W的份量。換言之，W是自胴體透過肩部流進上肢的能量。

除了這個以外，上肢本身在伸長的時候，從手肘或肩部的關節也會做功，所以上肢的運動能量會增加。上肢的運動量就是從拳頭、前臂、上臂的質量和重心速度，以及從慣性力矩和回轉角速度也能計算。在此省略詳細的公式。

由以上的程序，有關少林寺拳法高段者的順拳和逆拳，來求上肢的運動能量T。和胴體推上肢的功率P，以及胴體推上肢的功W，就變成圖4。為了便於參考，附帶加上拳、手肘、肩部的速度曲線。

看圖4的T和W曲線，剛開始時雙方的曲線重疊，也就是上肢本身在彎曲的情況下，和胴體（肩部）一起動而加速。上肢運動能量的增加都是由於胴體流進來的能量而來。

其次，T在增加到最大值差不多一半的時候，功率P達到了最大值，而自這個附近開始，T就比W大。T和W的差（比方說圖4－①直的箭頭↕）就是從上肢本身（手肘和肩部的關節。有時是自手腕關節出來一點點的部分）出來的能量功。也就是出拳動作的後半階段，全衝量的肌肉才開始發揮功率。

圖4曲線的特徵數值化如表5。

功率P的最大值（表的單位瓦（W））。M五段的順拳是一七七〇W，將之轉變成馬力是二・四馬力。和重量七五kg的啞鈴，以秒速二・四公尺比例向上提起的功率相等。職業自行車選手，在十秒內，全力踩踏板時，功率有一・五～二馬力，雖然時間很短，但是上肢是以極大的力量加速。

其次，上肢運動能量T，正好在拳頭以最高速度碰到目標的瞬間，達到最大

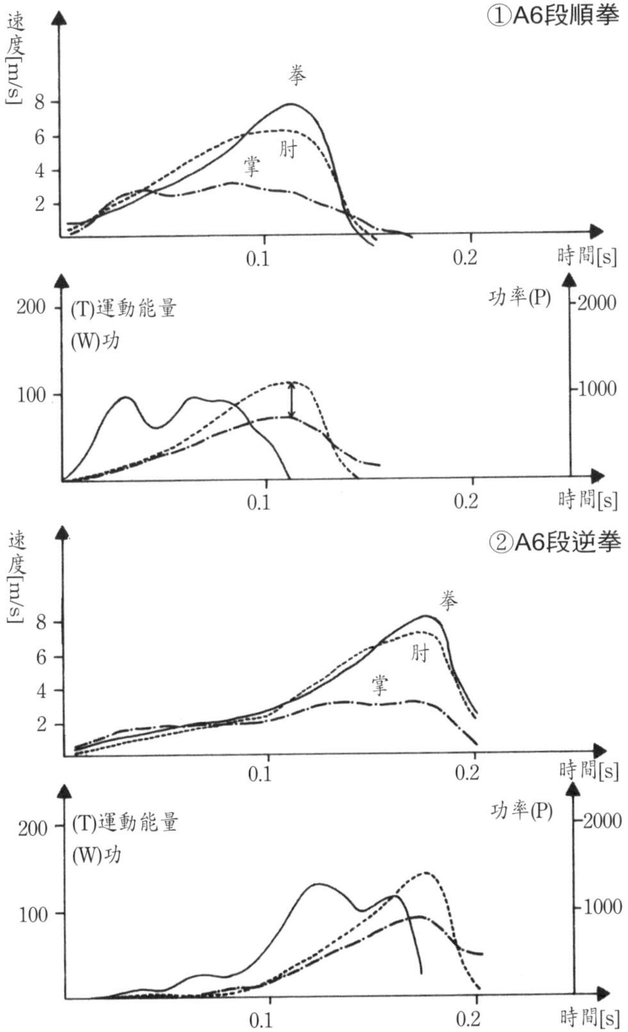

圖4　少林寺拳法高段者出拳時上肢各部位的速度，上肢運動能量(T)、肩部(胴體)推上肢的功(W)、其功率(P)的時間變化

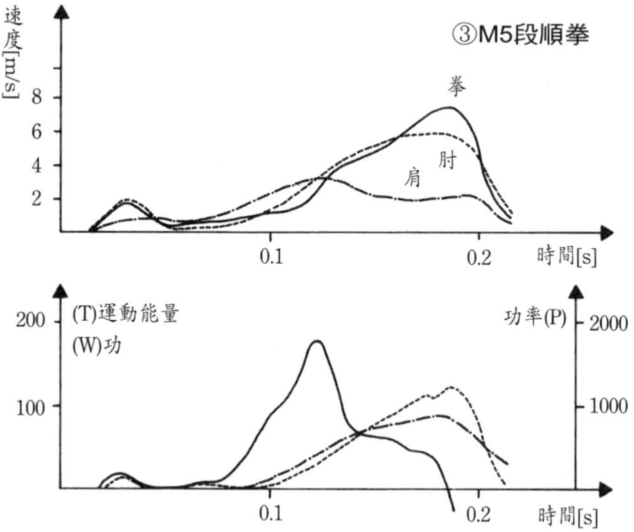
③M5段順拳
速度[m/s]
8
6
4
2
拳
肘
肩
0.1
0.2
時間[s]
(T)運動能量
(W)功
200
100
功率(P)
2000
1000
0.1
0.2
時間[s]

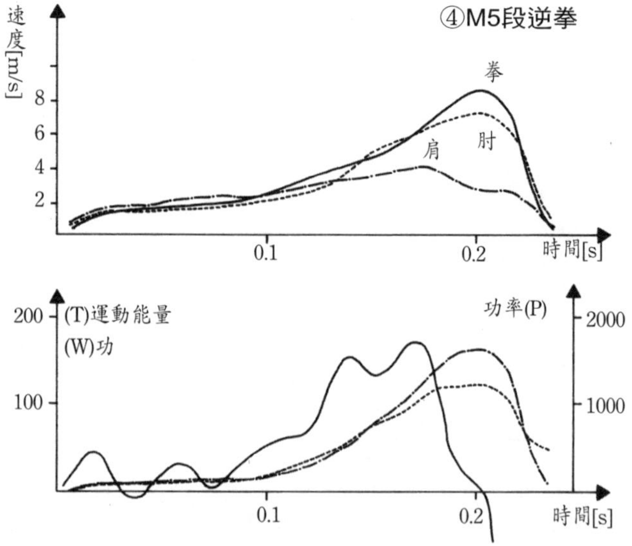
④M5段逆拳
速度[m/s]
8
6
4
2
拳
肘
肩
0.1
0.2
時間[s]
(T)運動能量
(W)功
200
100
功率(P)
2000
1000
0.1
0.2
時間[s]

	技法	功率P的最大值（W）	上肢運動能量的最大值 T_M（J）	胴體→上肢功的最大值 W_M（J）	W/T（%）
A6段	順拳 逆拳	954 1305	116 144	75 93	64 65
M5段	順拳 逆拳	1770 1740	121 167	86 124	71 74

表5　少林寺拳法高段者出拳時胴體加速上肢的功率和其他

值百數十焦耳。男子用的鉛球（質量七・二六kg），以秒速五公尺投出時，運動能量是九一焦耳，這是相當大的能量。僅僅比〇・一秒多一點的時間，讓上肢有這些能量，就像前面所說的，需要的力量，當然會很大。

最後，上肢運動能量的最大值之中，胴體將上肢加速的份量（功W的最大值），A六段是百分之六十以上，A五段是百分之七十以上。也就是將上肢加速的力量，有六、七成是由下半身產生的，所以，如果輕視下半身的力量，只鍛鍊手臂，是無法強勁的出拳，在數值上是很明顯的。

再強調最先提到的使用勁力，儘量自下半身引出很大的力量，一點都不要浪費掉，作為加速上肢的要領，以這種感覺表現出來。

6. 空手道、泰國拳、日本拳、中國拳法的速度曲線

第一章中比較衝擊力，將空手道、日本拳、中國拳法、泰國拳這種選手的固定逆拳（無目標）的速度曲線做比較。仔細研究不同的格鬥技法的種類共通的特徵，會發現相差點也多。將衝擊力的差異做對照，是非常有趣的。

四格鬥技法學生中一流選手的速度曲線比較

分析結果，所求得的身體各部位的速度曲線（往前方的水平速度）如圖5。遇有動作中產生的身體各部位的最高速度，以及拳頭達到最高速度的時候（拳打到目標的時候），如表6所列各部位的速度。

從速度曲線找出四種格鬥技法的共通特徵，有下列三項：

(1)肩部的最高速度大約是拳頭的一半，也就是大約是拳頭速度的一半，由肩部前進運動所產生，剩下的一半是伸出手臂時產生。

(2)腰部的最高速度是肩部的大約一半，也就是上半身扭轉的運動對肩部的速

	拳	肘		肩		腰		膝	
空手道	6.97	6.50	3.33	4.15	0.71	1.30	0.05	0.59	0.13
日本拳法	7.92	5.60	4.28	3.94	1.12	2.60	0.02	2.77	0.16
中國拳法	7.72	6.63	6.48	4.52	2.95	2.22	1.90	1.39	-0.04
泰國拳	10.13	6.35	5.01	4.72	1.56	2.31	-0.05	1.48	-0.25

表6　一流選手的固定逆拳（無目標），身體各部位的最高速度（左），以及拳速最高時的速度（m/s）

度有很大的作用，但是因為肩寬比腰寬大，所以只有扭轉上半身（胴體的上半部），以整個胴體為軸（約和脊椎骨一致）來扭轉時，自然就會產生肩部速度比腰部大的效果。

(3)身體各部位的速度達到最高值的順序是由身體下半部開始移向上半部。也就是膝蓋的速度最先達到最高值。膝蓋在開始減速時，腰部達到最高速度。

以下同樣以肩部、手肘、拳的順序達到最高速度。

這三種特徵在少林寺拳法上段者和高段者的逆拳中可以看得到（特別是最後的特徵(3)，不僅僅是在格鬥技法中，投球動作或揮棒的動作也有共通點）。就像前面所說的，因為下半身的肌肉量多，所以是強力力量的來源。和上肢相比較是十分重要的，因而積極加速較難。如果上半身和下半身的動作同時開始，腰部尚未完全轉動，手臂已經伸直了，全身的動作配合時間會失常。自重的下半身開始動，是為了讓全

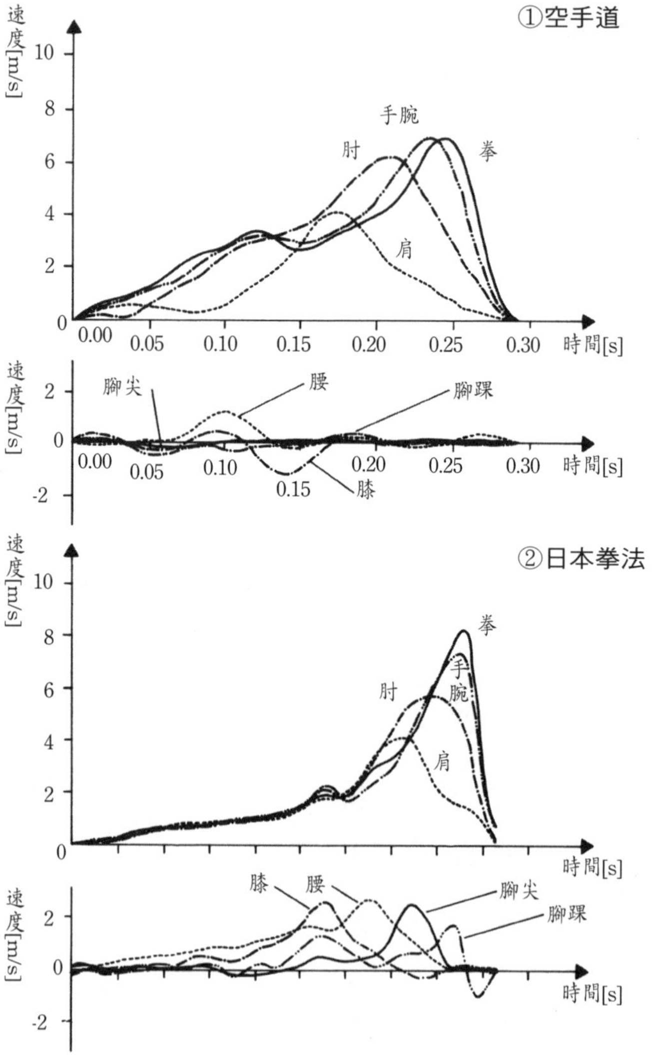

圖5　一流選手的固定逆拳身體各部的速度曲線

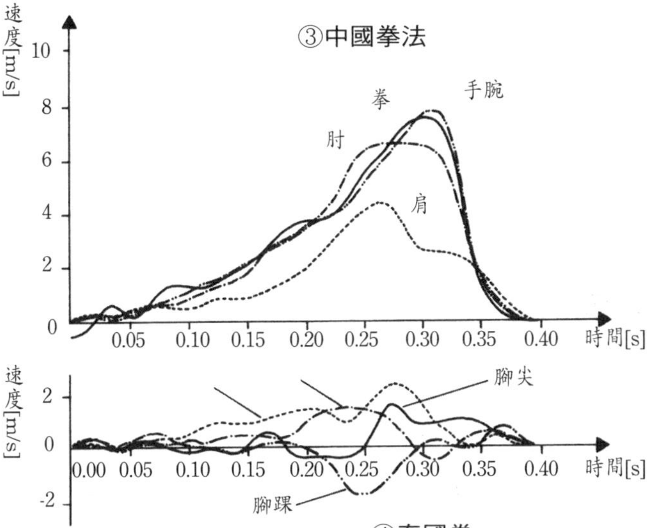
③中國拳法
速度[m/s]
10
8
6
4
2
0
拳
手腕
肘
肩
0.05
0.10
0.15
0.20
0.25
0.30
0.35
0.40
時間[s]
速度[m/s]
2
0
-2
腳尖
腳踝
0.00
0.05
0.10
0.15
0.20
0.25
0.30
0.35
0.40
時間[s]

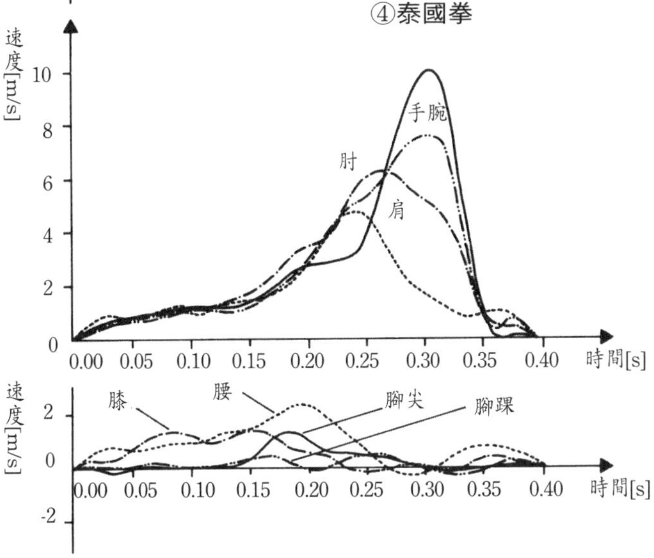
④泰國拳
速度[m/s]
10
8
6
4
2
0
手腕
肘
肩
0.00
0.05
0.10
0.15
0.20
0.25
0.30
0.35
0.40
時間[s]
速度[m/s]
2
0
-2
膝
腰
腳尖
腳踝
0.00
0.05
0.10
0.15
0.20
0.25
0.30
0.35
0.40
時間[s]

身在動作的時間內能相互協調的關係。

膝蓋並不比腰部重，為什麼比腰部先動呢？讀者可能會有這種疑問，膝蓋本身的重量雖然沒有那麼大，可是膝蓋一動，就等於上半身都動。所以結果膝蓋就類似一種非常重要的物體，必須先動（但是在踢腿，腳尖離地時，膝蓋的運用則另當別論）。

再以各格鬥技法的個別速度曲線（圖5和表6）中所看到的姿勢作分析。

①空手道

和其他三種格鬥技法相比較，很明顯的空手道下半身的活動非常小。這是因為一開始將後腳（右腳）伸直的狀態來出腿的關係。後腿伸直是為了紮實的踢地面。但是，後腳伸出的速度小，即使踢地面的力量再強，功率（＝力×速度）也不會變大。也就是利用膝蓋或腳踝的彈性力量並不大。

由於腳的動作太小，所以腰部的最高速度不會大，肩部的最高速度和其他的格鬥技法大致相同，這可以說是依靠上半身大幅度扭轉而出腿的方法。

空手道的出拳是先將拳頭放在側腹，始終以前臂保持水平的狀態出拳，原理上只有和拳頭、手腕、手肘相同的速度。實際上，則從表6看出來拳頭和手肘的最高速度大約相同。三個部位中，肘的速度會最先達到最高值。拳頭和手腕的最高速度和手肘大約是相同的。

如表6，拳達到最高速度時，肩部活動大約已經停止了。肘的速度也降低了不少。拳打到目標而達到最高速度時，應該轉變為衝擊力的上臂或胴體的運動量已經變小了。所以這種架勢是不利的。

這種現象在速度曲線中不會顯現出來。空手道是將拳頭做大扭轉後再出拳，以力學上的觀點來看，拳頭不論如何的扭轉，向前方的力量是不變的。由於扭轉，上肢（特別是拳頭和前臂）的運動能量，也只能增加一點點。

所以，扭轉本身在力學上並沒有實質意義，只是因為骨骼和肌肉的構造上的

空手道出拳的連續動作

考慮。如果將放在側腹的拳頭，不扭轉而出拳，一開始就將手背朝上，會打得不好，這也是拳要扭轉的理由。

②日本拳法

對於前述四種格鬥技法共通的特徵(3)，有特別鮮明的架勢，使用伸直後腳的彈性，將腰部往前推。扭轉胴體來加速肩部，在手肘突出之後，將肘關節伸直，拳往前方推，這一連串的動作進行的很順利。

有一段肘的速度比拳頭大的時期，也就是肘關節是彎曲的，接著將肘關節伸直。拳頭的最高速度超過手肘相當多。

拳達到最高速度的時候，手肘和肩部保持相當的速度（不是空拳而是實拳的情形，這種趨勢會更強），這種對於增加打到目標時拳的衝擊力是有效的。

日本拳法出拳的連續動作

動作的後半段，腳背足朝下的狀態，積極的伸直腳踝，等於引起腳踝最大限度的力量。但是在這之後，以腳背向下的狀態收回腳尖，所以在比賽中，要移到下一個動作會較緩慢，是十分不利的。在速度曲線的前半段，上肢正式加速前的預備動作時間長。

日本拳法的架勢很適合於巧妙使用全身的力量，產生大的衝擊力，但是比賽時使用這種方法，對於快速的要求是稍微有些問題。

③中國拳法

和空手道一樣，要將擺在側腹的拳頭，一邊扭轉一邊出拳，動作看似空手道，實際上兩者有相當的差異。

第一，下半身動的較大。以腰部放低的姿勢，後腳要深深的彎曲。然後後腳

中國拳法出拳的連續動作

儘量的伸長，突然伸直，可將胴體加速，腰部的速度比空手道快。腳一伸，整個腳底貼在地面上，以垂直的回轉（腳尖由向外變成向前）。由於回轉、腳容易伸直。這種作法，股關節和膝關節雖然可以引出很大的力量，但是幾乎無法利用到腳踝的彈性。

第二，腰部、肩部、手肘幾乎同時的動，拳頭則稍微晚一點達到最高速度。拳頭打到目標的瞬間，上肢的運動量大，又因為胴體運動量也不小，所以發生了大的衝擊力。如第一章的試驗中，中國拳法的選手是四種格鬥技法選手中體重最輕的，可是卻有比空手道選手的衝擊力大的紀錄。

從姿勢來判斷，中國拳頭的「發勁」可說是充分活用下肢力量的方法。

因為拳頭是擺在身旁，所以和日本拳法或泰國拳法相比較，到達目標的距離較遠，從拳的速度曲線中也可以看出來，拳最終的加速是較緩慢的，不過這和戰法或間隔也有關係，並不能一概而論。

話又說回來，在真正的比賽時，如果採用這種架勢，敏捷度是有問題的。

④泰國拳

和日本拳法相同，各部位的速度是自身體下半部到上半部的順序達到最高值。拳在最後大加速度開始之前，有一段很短的時間速度大約是固定的，在這個時段，手腕速度比拳頭速度大，肘的速度更大。然後，彎手肘把手腕朝內側彎，當彎曲的手臂再度伸直的時候，速度逆轉，變成拳頭、手腕、手肘的順序。

手肘的最高速度和其他三種格鬥技法大致相同，可是拳的最高速度和其他格鬥技法的秒速七・八公尺相比，最高達秒速十公尺以上。實際上打到目標的時候，出手會更為謹慎。不管怎麼樣，上肢和胴體有大的運動量這一點，對於衝擊力是很有利的。拳頭最後的急加速，連〇・一秒的時間都不需要，所以要離開這一擊，猶如登天之難，因此應事前判斷其全身的動態，以備防身。

泰國拳出拳的連續動作

7. 傳統空手道出拳的架勢有問題

身體那一部分的運動量會轉換成衝擊力

出拳的衝擊力是由事先加速的上肢成胴體的運動量轉變而產生的。現在來討論那些部分的運動量究竟佔了多少比率。

四種格鬥技法的選手在無目標和有目標兩種情形之下做順拳，然後加以分析。有目標的情形也同時做衝擊力的判定。

結果如表7，從此表能了解以下所說的幾點。

(1)拳打到目標的瞬間，身體各部位的速度，是有目標的實拳比沒有目標的空拳大。空拳時會將打出去的手臂（無意識的）自己減速，可是有目標的實拳就不需考慮減速的問題，速度儘量持續到最後。有目標的實拳上肢的運動量很大。

泰國拳的情形恰好相反，實拳的速度反而比空拳的速度低，這是空拳時猛射無效的關係。前臂或上臂的速度仍然以實拳較大。

(2) 運動量以拳頭最小，前臂稍大，上臂和前臂大約相同或稍微大的程度。

這種趨向和少林寺拳法高段者的情形（表4）是一致的。

(3)在衝擊力的全衝量之中，上肢的運動量所佔的比率，日本拳法、中國拳法、泰國拳大約是百分之六十左右，這個比率比少林寺拳法高段者或上段者（表3）為低，也就是胴體的運動量對於全衝量也有百分之四十左右的作用。尤其是衝擊力大的日本拳法，似乎很巧妙的運用了胴體的運動量。

空手道在全衝量之中，上肢的運動量所佔的比率是百分之一百一十，據推測，上肢的運動量之中，約有百分之九十傳到了目標，而胴體的運動量幾乎都沒有傳到目標。

關於最後接觸到有關空手道的出拳，在此想發抒個人一些坦率的感想。

在測定空手道出拳時，上肢的運動量可能因為體重大，是四種格鬥技法之中最高者。雖然如此，衝擊力的最大值和全衝量都比其他三種格鬥技法小多了。這並不是因為架勢不好，而是因為拳頭沒有打中目標的關係。

不僅僅在這種測定的時候，根據經驗，其他的格鬥技法的選手有時一點準備動作也沒有，而打到測定器的打擊部的衝擊力是最好的成績，但是因為空手道的

運動量（kgm/s）				全衝量	最大值	P/S_I
拳頭	前臂	上臂	上肢全體 P	S_I（kgm/s）	f_M（kgw）	（%）
5.36	6.65	4.82	17.4	—	—	—
6.31	9.27	9.80	25.4	23.0	288	110
4.63	5.24	4.43	14.3	—	—	—
5.16	7.62	8.54	21.3	36.8	496	58
4.45	6.67	7.76	18.8	—	—	—
5.24	6.91	7.53	19.7	33.0	355	60
6.84	6.72	6.24	19.8	—	—	—
5.86	8.48	8.66	23.0	36.5	483	63

量和衝擊力的全衝量

選手平時習慣於打草靶子，所以常常沒有打中打擊部。

由於其他格鬥技法的拳頭都擺在靠進臉的前方較多，所以拳頭和目標兩者都在視線之內，而空手道的拳頭是放在身旁，必須等到後半階段，拳頭和目標兩者才會進入視線之內。因此，要修正拳的「軌道」，是稍微遲了一點，這也可能是打不到目標的原因。

其次，有關胴體的運動量作為衝擊力利用的這一點，空手道者的胴體是朝向正面的，而其他的格鬥技法是出拳那一側的肩部會向前推出。

由於上肢和胴體的結合很緩慢，所以，空手道者的手臂和胴體左右方向的面幾乎成直角，除非手臂在腋下夾緊，否則肩部會有緩衝，胴體的運動量

	技法	質量（kg）			速度（m/s）		
		拳頭	前臂	上臂	拳頭	前臂	上臂
空手道	空拳 實拳	1.86	1.43	2.52	6.97 7.38	4.67 6.50	1.92 3.89
日本拳法	空拳 實拳	0.59	0.98	1.72	7.92 8.82	5.37 7.81	2.57 4.96
中國拳法	空拳 實拳	0.58	0.96	1.70	7.72 9.10	6.84 7.20	4.57 4.44
泰國拳	空拳 實拳	0.68	1.13	1.99	10.13 8.68	5.57 7.54	3.14 4.35

表7　四種格鬥技法學生中的一流選手身體各部位的速度、運動

就不容易傳遞。

另一方面，像其他的格鬥技法將肩部向前推出，手臂、肩部、胴體的中心比較會成一直線的狀態，而胴體的運動量就很容易傳遞。

在取得結論之前，有必要蒐集更多的資料。因為比賽形式和規則不盡相同，所以一些情形並不能

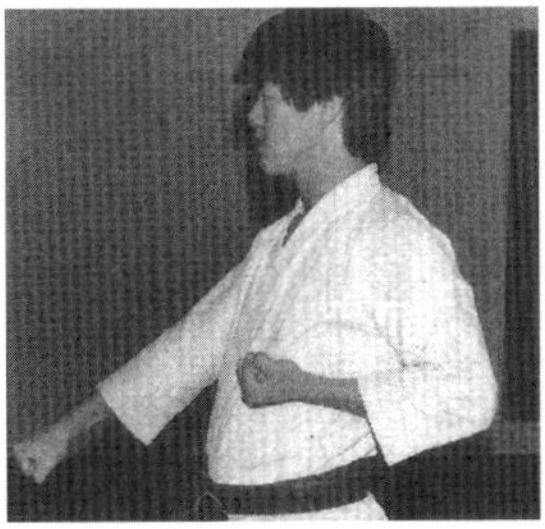

如圖片，不同的流派後面那隻手的高度雖然不同，但是拳頭都擺在身體旁邊，傳統的空手道都是共通的，實戰時，如果以這種架勢出拳，力學上是有問題的。

W_M/T_M（%）	拳速最高時的值 T_1（J）	拳速最高時之前的 W 值 W_1（J）	W_1/T_1（%）
69	90	76	84
79	93	72	78
64	156	96	62
69	121	81	67

和其他

一概而論。不過話又說回來，空手道的出拳在力學上確實還有需要改進的地方，事實上有些空手道的流派，並沒有使用空手道定型的出拳方式，可能選手已經注意到這項缺點了。

8.用腳打的衝擊力

逆拳時自胴體流進上肢的能量

在出拳的動作中，上肢要加速是需要很大力量的，這力量自下半身出來經胴體流進手臂，比自上肢本身所發出來的力量要多。

關於四種格鬥技法選手的逆拳，和少林寺拳法高段者的情形（表5）一樣，上肢的運動能量或自胴體流進上肢的能量（肩部推上肢的功W），用快速攝影的影片來分析，求出的結果如表8。

在這裏發現了新的事實，日本拳法和中國拳法，以及少

	拳頭的最高速度（m/s）	上肢的運動能量T的最大值 T_M(J)	胴體→上肢的功W的最大值 W_M(J)
空手道	6.96	132	91
日本拳法	8.38	96	76
中國拳法	8.34	156	101
泰國拳	9.44	128	88

表8　四種格鬥技法學生中的一流選手逆拳時自胴體流進上肢的能量W

林寺拳法的情形相同，拳的速度最高的時候，上肢的運動能量T和運動量和胴體→上肢的功W是最大的。

可是空手道的T和W在最早的階段就已經是最大了。所以一會兒之後，拳速達到最高的時候，T和W已經減少了（泰國拳似乎也有些微這種傾向）。

這是由於沒有目標的空拳，在出拳時必須自己減速，空手道和泰國拳在拳達到最高速之前，上臂和前臂已經減速了，只有在前端的拳頭會加速。在這個階段，胴體並不是透過肩部來推手臂，反而是胴體被手臂牽拉，因此能量是由上肢→胴體的方向流動，所以上肢的運動能量會減少。

尤其是空手道，這種傾向很明顯，運動能量由一三二焦耳減至九十焦耳。

拳頭打到對方的時候，上肢的運動能量愈大，威力愈大。以這個觀點來說，空手道和泰國拳等於是將好不容易積蓄的能量浪費掉了。空手道大約損失了百分之三二。泰國拳損失百分之五。但是在實拳的情形，出拳時就沒有必要自己減速了。

其次，以上肢的運動能量相比，體重雖然是最小的，但是中國拳法卻是最高的。這並不僅僅是拳頭，而是整個手臂都有很大的速度。從胴體↓上肢的能量來看，不論 W_M、W_1 的任何一種，也是四種格鬥技法之中最高的。中國拳法秘傳的「發勁」，是自身體引起很大的力量，然後傳到上肢的方法，可以做如此的解釋。

雖然日本拳法沒有明顯的數值，但是能量並沒有傳遞到上肢，只是將胴體的運動量或運動能量直接轉變成出拳的威力。

那麼和拳速最高時的T和W的比 W_1/T_1 相較，中國拳法百分之六二是最低，空手道最高是百分之八四。換言之，自上肢本身發出的能量，中國拳法以百分之三八最高，而空手道是百分之十六最低。

中國拳法非常重視下半身，甚至有人說不要鍛鍊下半身，得到最能利用上半身（上肢）能量的結果，是相當出人意料的。腳的動作並不是很引人注意的，主要似乎是靠手臂力量出拳的泰國拳，和預先料想的情形相同，利用上肢能量的比率，僅次於中國拳法。

依照數值上來判斷，中國拳法家或許以為多鍛鍊上半身比較好，但是不論如何，約有三分之二的能量是從下半身發出來的，所以要發出強力的出拳，鍛鍊下半身是重要關鍵是不容置疑的。

9. 神秘的打法就是科學的打法

有關出拳動作分析，最後要談的是中國拳法的「短勁」。短勁在日本

解析中國拳法的「短勁」

格鬥技法的常識中，是令人無法想像的，那麼，近距離的出拳和出掌的技法，似乎是非常的神秘，實際上是合理的運用全身。

這種技法，右手手掌輕輕的翹起，指尖接觸打擊部的狀態，用掌打進的技法。掌和打擊部的距離約是十公分。

身體各部位的速度曲線如圖6，衝擊力曲線如圖7。掌碰到打擊區瞬間身體各部位的速度或運動量，還有衝擊力等如表9。

看看速度曲線，膝蓋或腰部的速度始終是朝正前方動。可是上肢的速度是由負的變成正的。剛開始的時候，下半身向前方，而上半身反而朝後方動以「積蓄力量」，在這段時間，重的下半身速度已經變得相當大了。自下半身的大肌肉群發出的力量就變成下半身運動能量而積蓄起來。

不久，上肢會向前方急加速，把積蓄的運動能量積極的往上肢送。只是看掌的速度，原來向後方的拉力已經停止了（速度零），自停止到達最高速度，僅僅花了〇・四秒的時間。

自別的角度來看這種架勢，全身像鞭子一樣的動，下半身等於握鞭的部分，掌就好像是鞭的前端。因為掌是先向後方拉，所以實際上，自離打擊部幾十公分

掌打到目的瞬間速度（m/s）	掌	5.69
	前臂	3.92
	上臂	3.51
	肩	3.39
	腰	1.03
打到目標的瞬間運動量（kgm·s）	掌	3.28
	前臂	3.76
	上臂	5.95
	上肢全體 P	13.0
全衝量 S_1(kgm/s)		28.4
最大值 f_M (kgw)		229
P/S_1（%）		46

表9　中國拳法短勁的身體各部位速度和其他

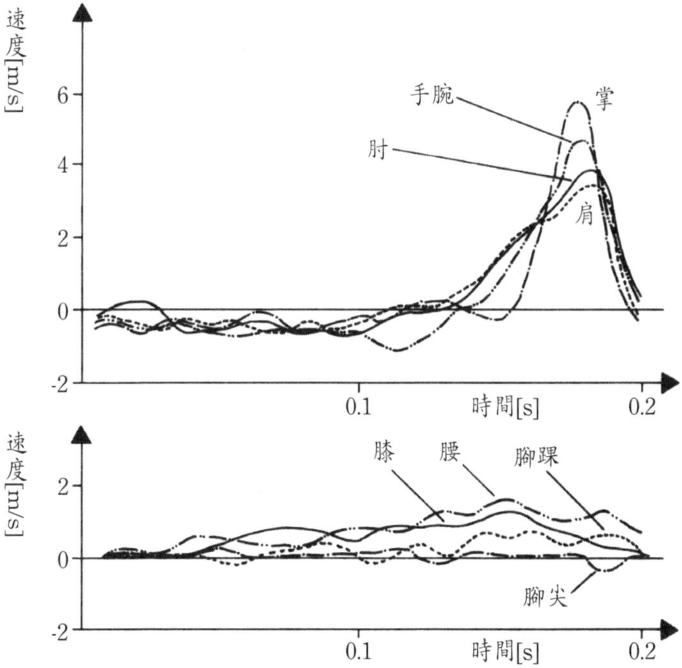

圖6　中國拳法短勁的身體各部位速度曲線

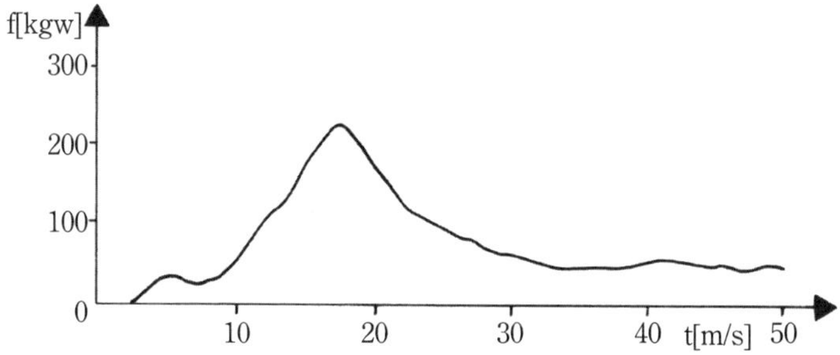

圖7　中國拳法短勁的衝擊力曲線

的地方打出來。

但是，這和通常為了要加上反作用力，而將掌往後拉的情形是不一樣的，下半身經常的往前方動，而且動作非常快，所以對方在不知道掌已經往後拉的情況下，身體稍微振動一下的瞬間，突然感覺到挨掌了。

衝擊力的全衝量S_1裏，上肢的運動量是百分之四六，在一半以下，剩下來是胴體的運動量。因為胴體運動量的作用很大，所以，以衝擊力曲線的高度比例來說，是相當寬的。與其說挨拳如刀割的感覺，不如說是重的感覺。

不只是「短勁」，也不限於中國拳法，在格鬥技法中看起來很神秘的技術，

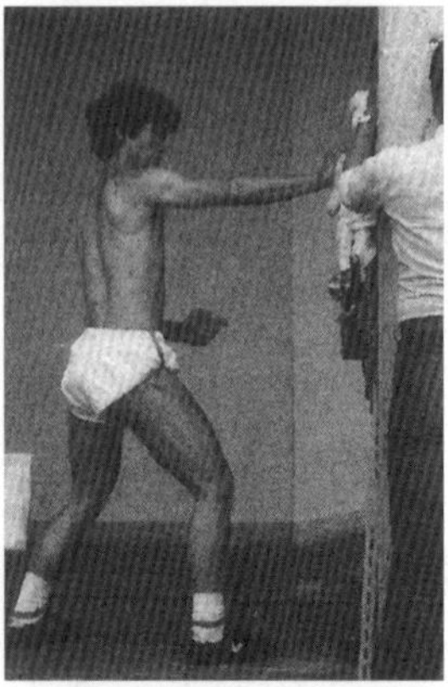

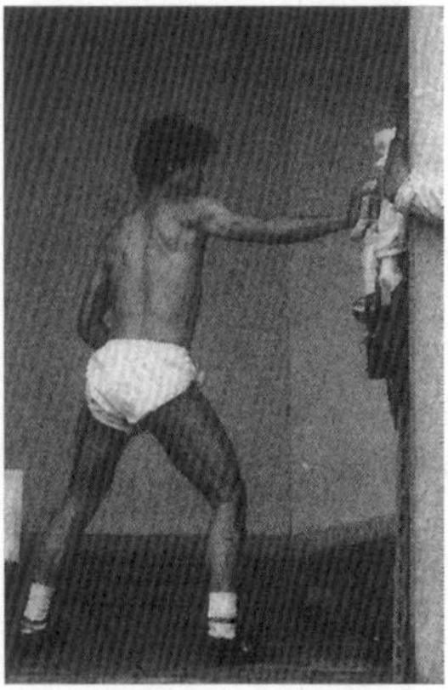

從將手掌輕輕放在打擊區的狀態，一口氣使勁的打，發出驚人的衝擊力和速度，所以「為了要發出很強的衝擊力和速度，需要一段長距離」的科學迷信被打破！

	技　　法	腳尖的最高速度（m/s）
少林寺拳法 3 段	前踢（順）	14.45
	前踢（逆）	16.05
	回旋踢	13.37
空手道	前踢	17.49
	回旋踢	14.49
	側踢	11.47
日本拳法	前踢	11.36
中國拳法	蹬腳	7.19(7.92⁺)
	旋風腳	13.13
泰國拳	前踢	11.41
	回旋踢	19.08

※和前踢不同的被試驗者腳尖的最高速度

表10　種種踢腿技法腳尖的最高速度

都有力學上的道理，經過很長的歷史編出來，而又繼續發展的技法，僅依靠自己肉體內部的感覺和經驗，能發現這麼合理的動作，實在令人訝異。

10.雖然快但並不迅速的踢腿

踢腿的速度

在這一章的最後，為了將出拳速度和踢腿速度相比較，所以將踢腿時腳尖的速度做了一番整理，和出拳的情形不同，踢腿一般都不會呈一直線動，還有像回旋踢的狀況，也有不在同一平面上動的情形，分析起來相當的複雜，因此，這裡僅僅注意踢腿時腳尖的最高速度，結果如表10。

自表中可以一目瞭然的看出踢腿腳尖的最高速度比出拳快的多。這是因為揮動著整個腳的技術很多，所以，以長腳為回轉半徑的腳尖速度，比手臂大。

日本拳法的前踢或中國拳法的蹬腳，以不揮動著腳而出腿踢，所以腳尖的速度小，尤其是蹬腳，是把腳尖翻起來用腳跟踢，所以腳跟比腳尖快。

雖然出腿時腳尖速度比出拳快，但並不能因而說比出拳迅速。表10的數值只是最高速度，加速到達這個程度要花一些時間。到達攻擊目標的距離，踢腿要比出拳大的多。所以就迅速這一點，是和最高速度相反的情形，出拳勝過踢腿。

雖然不做詳細的分析，但是必須了解踢腿的力量，不僅僅由踢出一腳發出來的，站立的腳也會發出力量，這點要特別注意。

兩手臂雖然不能發出直接的力量，但是也有能取得重心或角運動量平衡的作用。換句話說，不管是出拳或踢腿都要藉用到全身的力量。

格鬥技專家的手能成為凶器嗎？

在做試劈的實驗時，發現了一個奇妙的現象。使用棒球球棒（木製）打石塊，只是輕輕的一打，石塊很容易就破裂了，試了好幾次，情況都一樣。即使用重量四公斤的鐵球，自四十公分的地方放下來，同樣也能打破，也曾經使用過磚塊，但是磚塊比石塊更脆弱。

相同的現象，學生到野外從事地質學實習時，也曾有類似的經驗，使用地質學用的特殊鋼製鐵鎚，像人頭般大的石頭很容易就破成二半了。這鐵鎚不包括鎚柄部分，大約有六、七百公克。

不論是球棒、鐵球，或地質學用的鐵鎚，過於硬的物體，都比鍛鍊過的手腳有更遙不可及的威力。對於人類的頭部的威力，是相同的情形。

這個理由是球棒、鐵球、鐵鎚的堅硬度，是人類手腳所無法相比的。其運動量或能量可以在一瞬間傳到目標。一方面，人類的手腳內部好像含有很多類似墊子般的物體。所以，就好像用球棒打在放有很多墊子的石頭，那麼多的衝擊力。

輕輕的揮動球棒或將鐵球自四十公分的高處放下來，打在身體上，有鍛鍊身體的人會一點也不在乎。但是，如果以打破石塊的威力的拳頭打在身體上，即使受到良好鍛鍊的人，恐怕也會受到某種程度的傷害。所以，對於石塊或磚塊能發揮同樣的威力，一旦施用於人類的身體，出拳比用球棒或鐵球更有威力。

這個理由就是身體比石塊或磚塊柔軟的多。所以容易吸收能量。球棒或鐵球的能量比手臂出拳的能量小的多，例如自高度四十公分掉下來的四十公斤鐵球的能量大約是十六焦耳，但是熟練者出拳能量將近十倍。身體肌肉雖然能將球棒或鐵球的能量全部吸收，但無法完全吸收出拳的能量，衝擊力就會達到內臟。地質學用的鐵鎚，由於打到的部分面積小，會發生大的壓力，即使保得住內臟，身體的肌肉本身也會受傷害。

如果用力揮動球棒，對身體的影響是比出拳更有威力？很遺憾，因為危險性過高，沒有做過這類的實驗，不過可以做以下的推測。

大學棒球隊的選手能把重量〇・九公斤的球棒以重心速度每秒二十公尺的速度揮棒。球棒的運動能量，若包括回轉運動的能量大約是二百焦耳。達到固定目標時，計算出來衝擊力的衝量大概是三 kgw·s。就能量而言，已經超過了出拳，衝量則和出拳相同的程度，所以對於身體的傷害，應該會超過出拳。

如上所述，對石塊或頭部等硬的目標，格鬥技專家的手雖然遠不及球棒或鐵鎚，但是對於像身體這類柔軟的目標，雖然差了一點，仍然有可與之相匹敵的威力。這是有關衝擊力的部分。

其次來探討實戰的要素。

要揮動棒球的球棒，剛開始踏出的部分要花〇・三秒，接著揮棒要花〇・二秒，合計花費〇・五秒，可是出拳的時間約在〇・二秒～〇・三秒，所以有關迅速這一點，出拳比揮棒優異。

如果勉強很快的揮動球棒，重心的最高速度會降低，不要說對頭部，對身體的威力也會減少。

不懂格鬥技法的人，像打球時那樣的揮棒或自上面打下來，不是連續技法，只是單擊。可是出拳能自上段、中段、左右各種角度來連擊。如果是普通人，拿球棒的人可能有獲勝的機會，但是如果以格鬥技法熟練者為對象，是不可能有獲勝機會的。

由此可見，格鬥技法使用於沒有鍛鍊過的人，就等於使用凶器，所以除非必要，不要隨意使用格鬥技法，一旦使用，希望不要做過度的自衛。

《科學教我們如何進步的要領》

第四章　格鬥技法合理的動作

格鬥技法是以人身做合理使用的戰鬥技法。不僅僅是格鬥的技法，所有的運動都是從基礎體力和活用體力的技術兩方面所成立的。有關提高格鬥技法必要的基礎體力訓練法，在另一章會詳細的述說。

如何巧妙運用現在各自擁有的基礎體力，什麼是格鬥技法合理的動作？如何尋求？是本章節主要的目的。

1. 放鬆會有力，是件不可思議的事

活用合乎力學原理的「力」

相撲或柔道重視「肌肉發出的力量」。但是，以出拳或出腿為主的格鬥技法，強調不要依「力氣」，特別是中國的北派拳法，有一種叫發勁，能使出特殊力量的方法，有時並不是用肌肉的力氣表達出來。

以力學的立場來看，不僅僅出拳或出腿，也不限於運動，包含所有的身體運動都是由「力」（推力）而生，力和運動的關係，是由運動方式所表示的法則決定。從人類走路的動作到太空梭的軌道，一切都由運動方程式來決定。

比方說，太空火箭脫離了預定軌道，那是引擎因為某種原因，不能發出預定推力的關係，絕不是運動方程式本身有誤差。反過來說，運動方程式能讓發射到月球的火箭，按照月球面瞄準的位置著陸，如果應用天體軌道的計算方式，一千年後的日蝕也能精密的計算出來。

根據運動方程式的原理，作用於物體的「力」愈大，物體的「力」也成正比的加速度。換言之，肌肉發出愈大的「力」，身體的動作愈快，出拳出腿的速度也會增加。怎麼說「依靠力氣」不好呢？

從結果來探討，「依靠力氣」的時候，雖然感到發出的力氣很大，但是以力學上來說，「力」並沒有發出那麼大，或者實際上「力」發出來了，但是和達到目的的動作，沒有什麼關連。這種情形很多，後面就來研究觀察這些現象。

有關最初鬆弛的問題。以手肘彎曲伸直的動作為例，負責手肘彎曲的是主動肌的上臂二頭肌，而伸直的任務是由上臂三頭肌來承擔（圖1）。這兩種肌肉互相有反作用關係，叫做拮抗肌。當上臂二頭肌要彎肘的時候，三頭肌放鬆，毫無抵抗的伸直，這就是鬆弛。如果三頭肌肉同時收縮，會把二頭肌的力氣抵消掉，

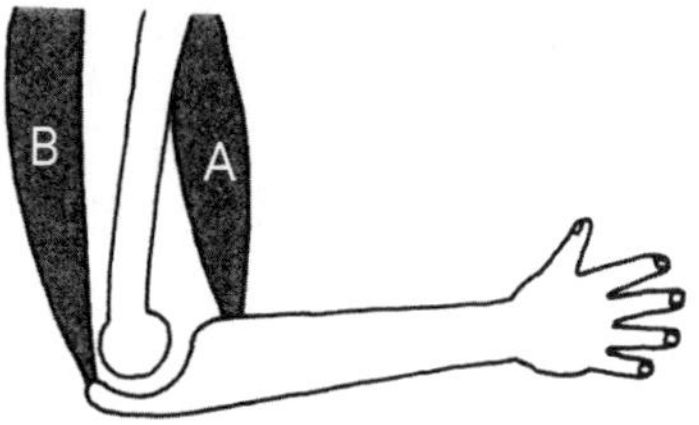

圖1　手肘彎曲的上臂二頭肌（A）和手肘伸直的上臂三頭肌肉（B）

就好像自門的兩邊同時用力要把門拉開一樣，如果任何一邊的肌肉都堅持要動的話，手臂就不會順利彎曲。換言之，使手肘彎曲的力量就變小了。

就類似這種情形，拮抗肌肉同時作用，「力的感覺」雖然很大，但力學上的「力」就小了。

舉個比較極端的例子來說，將手肘彎曲，二頭肌和三頭肌同樣用「力」來收縮，形成肌肉瘤（二頭肌凸起）的狀態，雙方面的肌肉力氣完全抵消，連手肘彎曲和伸直的力量變成零。

應該放鬆的肌肉手力，會妨礙本來所處的運動狀態，稱為「憋勁」。用力揮拳，拳突出的肌肉和拉回的肌肉會同時作用，所以沒有速度，雖然有「用力」的感覺，但是效果相當小。

「不要依賴力氣」其中的道理之一是「不要憋氣」。應該放鬆的肌肉要放鬆，全部放鬆的時候，主動肌就不會妨礙動作的運作，產生良好的效率。

2.「以小制大」的因素

腳力腰力的大肌肉群是力氣的發生源

發出力氣的當然是肌肉，可是力氣是由骨骼來傳達，藉以推動身體，作用於外部。所以，要做合理的動作時，最好先瞭解肌肉和骨骼所扮演的角色，比較有利。

人的身體有二百多根骨骼，彼此間以關節相接連，形成若槓桿的骨骼集合體。肌肉兩端是腱，任何肌肉至少都跨過一個關節，和另一根骨骼以腱附著。前面談到拮抗肌時曾提過，只有肌肉收縮時才會產生力量，並不是自己發出力量伸直。肌肉一收縮，腱就會牽引骨骼，關節角度會改變，產生身體運動。

這種類似引擎發出能量（或力氣）的角色或作用，是因為肌肉承受著骨骼，容易利用這些改變的形狀來傳遞。如圖2，彎曲手肘關節的上臂二頭肌的例子。

圖2—①手肘彎曲或直角，在手腕附近支撐二十公斤的物體。槓桿比L：ℓ＝5：1，這時候上臂二頭肌是以物體重量五倍（一百公斤）的力量來收縮。手

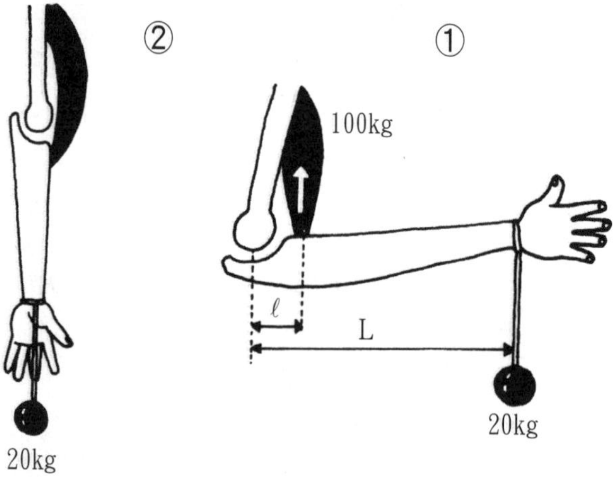

圖2　同樣是以二十公斤的力向外部作用，因為手肘角度的不同，必要肌肉的收縮力也不一樣

肘關節承受八十公斤的壓縮力，不僅僅是關節，上臂或前臂的骨骼也產生和這個力氣相應的內部應力。

二頭肌的收縮力運用在手腕，會減少五分之一。看起來力氣似乎損失了，事實上，這肌肉收縮一公分，手腕就能提起五公分，根據槓桿原理，雖然肌肉的力量減弱，但是動作會擴大。

注意下半身，膝關節是由於大腿四頭肌的生長，因為是有關速度的重要關節，所以槓桿比有8：1這麼大。腳踝關節是由於跟腱相連的腓腹肌等的生長，而全身的重心在這裏，所以槓桿比只有3：1這麼小，就能發出很大的力量。

圖2—②以相同重量的物體垂吊在手腕上，摸摸二頭肌，可以知道二頭肌沒有發出力量。肘關節雖然用二十公斤的力（嚴格來說要再加上手掌和前臂的重量）拉，圍在關節韌帶的張力，會加以對抗，以防止關節的脫節。除了這種情形之外，大氣壓的推力也在抑制關節的脫離。

同樣支撐二十公斤重的物件，由於關節角度的不同，必要肌肉收縮力也不一樣。同樣是支撐自己體重的情況，站立的時候，是腳骨支撐著體重較舒服，如果是半蹲，令膝蓋伸直大腿四頭肌會有負擔，大腿會疼痛。這些就是前述我們所思考，肌肉的力量和向外發出的力量有差異的例子。

其次，和圖2相同的狀況，以同重量的W物體，改變關節的角度，看看肩關節的負擔如何（圖3）！以圖3—①為例，手肘彎成直角，形成物體在肩部的力矩N＝wL，想將上臂轉到後面去。

為了對抗這種情形，以保持上臂垂直，就必須由肩關節的肌肉形成將上臂往前拉，同樣大小的力矩Ns＝wL。一方面，如圖3—②，將手臂向下垂直，不要力

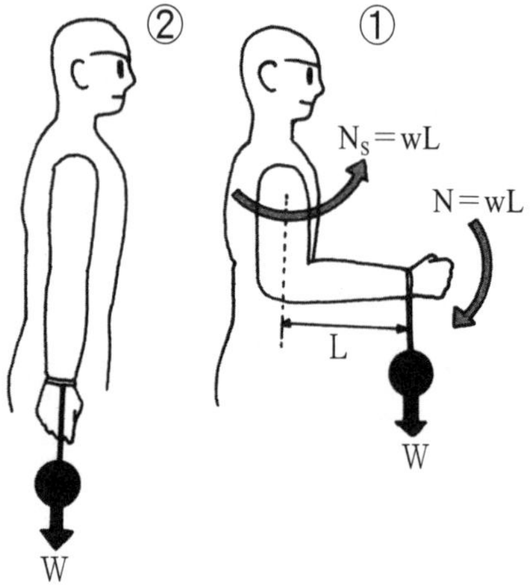

圖3　將手肘彎曲提吊物體，無意識中肩部的肌肉，就會產生力矩Ns。

矩，肩部肌肉負擔就會減輕。

類似圖3—①②的任何情形，為了將肩關節的肩甲骨固定在胴體上，斜方肌等會發生作用。又為了保持身體的姿勢，胴體或下半身的肌肉都會動員。這種情形是要改善手肘的角度，全身肌肉的作用方式就會改變。

但是，我們的意識可以感覺到，主要是來自彎曲手肘的上臂二頭肌的緊張感。

從這個例子我們可以知道，一個人無論做什麼動作，都在無意識中使用全身的肌肉，偶而有意識的想在某部分肌肉「用力」，但是，除非是能協調全身的體勢，真正的「力」，一點也發不出來。

將這些一一記在腦海裏，思考一下肌肉發揮力氣時的簡單力學。

肌肉能發出和粗細（橫斷面積S）或正比大小的收縮力f。這收縮速度V，也和自己自然的長度ℓ成正比（圖4）。把一邊（A_1、A_2、A_3）固定來看，另一邊（B_1、B_2、B_3）拉附著的骨，比較容易懂。

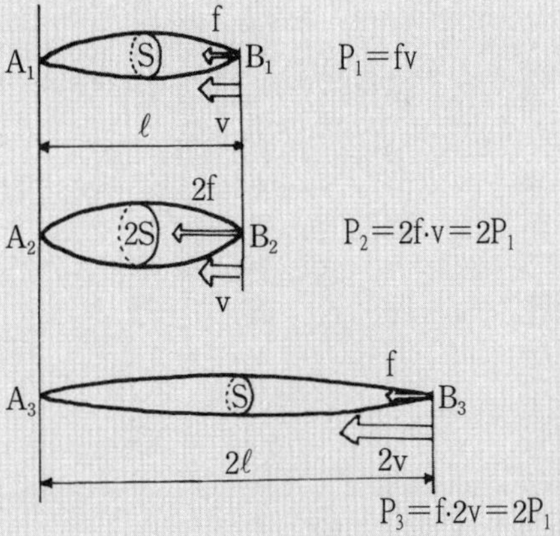

圖4　肌肉收縮力和橫斷面積S成正比，收縮速度和長度ℓ也成正比。愈是粗而長的肌肉，所能發出的力量（＝收縮力×收縮速度）更大。

肌肉發出的力量（P）

力氣＝收縮力×收縮速度

$P = f \times v = fv$

像前面所說的，收縮力f橫斷面積S成正比。收縮速度V和自然長度ℓ成正比，所以右邊的公式變成：

$P = fv \propto Sl$

＝橫斷面積×長∝肌肉的體積

肌肉發出的力氣P，和體積成正比。換言之，肌肉愈大，發出的力氣也就愈大。

以這種知識為前提，來看看人的肌肉主要在身體的什麼地方，大部分集中於下半身，因為手臂和眼睛很相近，所以手臂肌肉看起來很大，肌肉量並沒有那麼多。

比方說，一位以鍛鍊肌肉為主的國際性健美先生而言，請他做一個肌肉瘤，周圍寬度增多五十公分，普通人的大腿就有可能這麼粗。不僅僅是粗細，腳比手臂長，以肌肉量來算，大約有三倍半之多。

換言之，普通人的腳也可以發出和國際性健美先生手臂同樣的力氣。

以體格或體力比你好的人為對象，只要好好運用下半身的力量，光憑力氣這一點，是不會輸給他的。

出拳是運用手臂最重要的一環，但是，加速拳的力氣的大部分，是發自手臂以外的部分，也就是下半身發出來的。再進一步的探討，出拳的手臂，只不過是將下半身的力氣向對方傳遞的道具。

自下半身的大肌肉群引出很大的力氣，同時巧妙的傳到手臂，以此著眼來練習，是進步的捷徑。

「力的感覺」和實際所發出的「力」有很大的差別，而我們本身也花了很大的力氣，以確保激烈動作中的安全。

保護關節的無意識減速機能

3. 快速收拳的要領

任何一種格鬥技法，在出拳時，為了不讓對方抓到，所以都有敏捷的收拳動作。其中最重視這種收拳法的，是關節技法多的少林寺拳法。

初學者由於膽量還不夠，所以出拳時，就會不自覺地收拳，必須注意改進。

在手臂還未伸直到打擊部時，千萬不可以收拳。

肘伸展的主動肌上臂三頭肌，在手臂還未完全伸直前，就停止了收縮，拮抗肌、上臂二頭肌以爆發性的收縮來抹煞肘伸直的衝動。

從拳達到最高速度，然後開始減速，一直到完全停止，其間所用的時間是〇・〇三秒。假設拳的最高速度是每秒十公尺，質量是〇・六公斤，為了要減速，手腕關節勢必要以二十公斤的力量把拳收回來。

同樣地，為了使前臂能減速，必須有二十五公斤的力量來作用，結果肘關節有合計約四十五公斤的力量。

另外，肩關節也要花大約八十公斤的力量在減速上。於是，瞬間就有更大的力在作用。

我們靠這種無意識的力，為保護身體在出拳時可能受到的傷害。這種力在外觀上只是瞬間快速的收拳動作。

可是，如果肩關節以很大的力量把出拳的手臂拉回，根據作用與反作用的法則來看，手臂也以同樣的力量把肩關節向前方拉，這種力的衝擊量（等於出拳那隻手臂的運動量），和實際上拳打到固定目標的衝擊力大約相等。

衝擊量在命中七十公斤的對象時，就會讓對方以每秒〇・三公尺的速度向後倒退；但如出拳沒擊中對方，所有的衝擊量就必須讓自己的身體來吸收。

出拳的同時，移動體也在前進時，就必須以同等的力量用在身體的內部和腳，才能有效的停止移動體的前進。

初學者出拳時，若對方躲開了，他就會自己搖晃起來，原因是他的架勢不對，沒有把自己出拳所需的減速力量使出來。

而熟練者出拳時，不管有沒有打到對方，都沒有必要減速。

我開始學習格鬥技法時，曾經使用試行錯誤的方法來研究架勢，在和平時不用的時機出拳時，肘會忽然地感到疼痛，可能是由於拳減速時，肌肉開始活動較慢的緣故。

前輩中有人於出腿的瞬間，感到膝蓋好像散了一樣，這也是因為膝蓋彎曲的肌肉沒有完全作用的關係，出腿時的衝勁，使膝關節伸展過度。

跟著出拳的動作，袖子的響聲聽起來很舒服，這是因為出拳的最高速度雖然增加了，但衣袖本身沒有「減速裝置」，所以以原來的衝勁，向減速中的拳或前臂做追撞。

4.肌肉的彈性——利用肌肉的彈性

增加實力的要領—①

如前所述，身體運動需要的力量，都是由肌肉收縮而產生的，肌肉是從神經發出收縮的訊號來指揮，但力量卻不能立即產生。

比方說，以拇指的中指來彈東西時，一般都先用拇指來抵住中指尖，讓中指變成有力的狀態，然後再彈。

如果僅僅用中指彈，中指伸展的肌肉尚未完全開始，彈的動作就已結束了。所以，必須讓中指先處在有力的狀態，才能有完全的收縮力。

實際上，肌肉本身也有彈簧的性質，稱之為「肌肉彈性」。

比方說，垂直跳動時，從蹲式的靜止狀態開始跳，不如先站立再蹲再跳，來得省力。後者是利用反作用力來跳的，是用力蹲下動作的後半，小腿和大腿的肌肉已經為了要讓腿伸直而發出了一種收縮力。

所以，肌肉本身也有彈性。

身體的任何部分，如果想要更有力，都可以靠反作用力，例如，打人時可把手往後揮去再打，會更省力，得到的效果也更大。

肌肉的彈性在格鬥技法中充分地被利用的，首先就從步法來看。

因種類不同，格鬥技法的步法也有差異，可從空手道和國術中的部分流派看

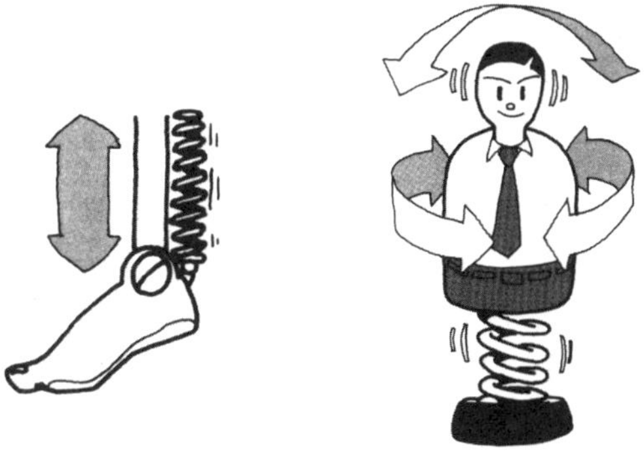

圖5　身體彈力的作用要大大的活用

得出，有的是腳底緊貼在地面上，有的是不停地跳動。

腳底緊貼在地面上的，如跆拳道，步法是滑動腳，再把腳跟提起。（圖5）

拳擊比賽中，拳擊手不停地跳動，再利用適當的時機給對方一拳，步法跳動有隨時進攻和防守的目的。

還有一種架勢，是介乎前二者之間，是利用肌肉的彈性，把腳跟提高，和跟腱相連的小腿、下腿三頭肌、腓腸肌、比目魚肌……等統統保持像彈簧一樣的作用。

後退的動作要停止時，必須用後腳向後方推，此時，提起的腳跟會回復原狀，下腿三頭肌會強迫地被拉長，所以，在下一瞬間就會像彈簧一樣地收縮，結果變成用腳尖用力來停止往後退。

此外，由前進變為後退，或由左改為右……等，下腿三頭肌都會產生彈簧的作用，運動方向的改變也會相當地快。

另外，腳跟貼地的步法，因為不使用能發出很大力量的下腿三頭肌的彈性，所以很難像拳擊以快速的步法前進。然而，在需要快動作時，選手們大致也會把腳跟提起以應戰。

肌肉彈性還可利用在左右連打，以及從挨打變為反擊之時。

比方說，以左前的架勢來出左拳，被對方躲過。或是一開始就不準備打中的假動作，都是利用肌肉的彈性作用。

剛開始，因為受到右轉的衝勁，所以這些肌肉會在用力的狀態下，由於被迫拉長而儲存的彈性能量，是右旋轉的運動能量變的，所以右轉一停，拉長的肌肉會用力地收縮，身體就會迅速地變成左旋轉。彈性能量速度放出，成為左旋轉的運動能量。

其次是用左手把對方的拳撥到右側，如此，身體會向右旋轉，此時如能運用

空手道大賽的情形

選手A和B的決賽，兩者都在無意間提起腳跟來利用肌肉彈性，特別是在空手道界很有名的B，也使用提起腳跟來發揮彈性。

連打，跟著左轉來出右拳的話，就很快地能從挨打變成反擊了。

但肌肉的彈性作用只能維持極短的時間，換句話說，是把原來要收縮的肌肉，強制讓它伸展，如此一來，會得到更有勁的收縮。

以身體的回轉為例子，除非右轉能連接左邊的回轉，否則就利用不到肌肉的彈性。如果左轉、右轉的動作中停太久，好不容易儲存的彈性能量就會消失，不能再放出。

比方說，連打時左拳一打完，同時就必須出右拳，如果左拳出得太用力，或是接招過度，右拳出拳的時機稍微晚了一點，就沒有肌肉彈性的效果。也就是，一連串的動作要有規律的進行，肌肉彈性才能充分地被利用，而產生強有力的反擊。

此外，對方出拳攻擊胴體上部時，要做後仰的動作來躲避，然後再利用身體的反作用力（腹肌或後腳的肌肉彈性）來攻擊。所以在技法考慮及配合時，必須經常把肌肉彈性的利用記在腦子裡，才能制敵機先。

中國拳法中，從「蓄勁」到「發勁」，是幾分之一秒的時間，這也是利用肌肉彈性的原理。

5.角運動量保存法則的活用（一）

增加實力的要領－②

在比賽中，我們經常可以看到選手從左邊回旋踢，被對方躲過時，就馬上一個右回旋踢。從力學上來看，這種連續技法是巧妙的利用「角運動量保存法則」。

「角運動量保存法則」就是回旋的衝勁，除非有外在的回旋力量（轉矩），不然物體的角運動量的值是不變的。

陀螺能長時間在地上轉動，是因為它的心和地面的摩擦，或者是空氣阻力引起的轉矩很小，所以角運動量是很不容易減小的。

又，左回旋踢的動作中，左腳有右轉的角運動量，在對方躲過之時，因為沒有外力阻擋，所以身體會繼續轉，此時，右腿就和陀螺的心相同。

特別是用腳尖站立，轉矩會變得很小，所以並沒有改變角運動量的作用。

根據作用反作用的法則，胴體從左腳受到右轉力量而右轉時，回旋會加快。如此一來，左腳的角運動量，就會移到胴體，把作用於左腳和胴體之間的牽制力調整小一點，胴體就會一起回旋。

在失去角運動量時，可以貼地的腳為軸，胴體在向右回旋之時，可同時把脖子向右轉，這樣才能更確定目標。此時，胴體的角運動量已傳到頭部。

其次是把胴體的角運動量傳到右腳，等回旋大概停止時，右腳就開始向右邊回旋，這就是向後轉的跟腿。

總之，全身的角運動量差不多是一定的，只要把運動量從左腳到右腳，然後再到胴體，這樣子不斷地移動即可。

中國拳法中的旋風腿技法，是以向左轉動而跳起來的方式來傳遞，用左腳的小趾側和右腳的拇趾側連續踢對方。

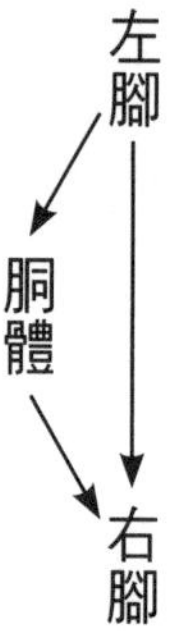

關於活用角運動量保存法則，有一個重要的關係，是——

角運動量（L）＝慣性矩（I）×角速度（ω）

$L = I\omega \quad \therefore \omega = L/I$

因為其中L差不多固定，所以身體回旋的角速度和全身的慣性矩I成反比，也就是說，慣性矩I如果改變，回旋的速度也會變慢。

在花式溜冰中，選手在空中做回轉跳躍的動作時，往往會把手、腳緊貼著身體，像一條木棒似的轉動，而在著地的同時，手腳就會儘量張開，目的是讓回轉能慢下來，此時，由於角運動量是固定的，所以手、腳貼在一起，把慣性矩弄小。在著地時，同時把手腳張開，可以增加慣性矩。

同樣的原理也能應用在連續技法，從左回旋踢，變成右回旋踢。此時，有一度要背向著對方，為了不受到對方的反擊，所以轉身時速度要快。

左腳一著地，必須立刻收，儘量讓全身不離開旋轉軸，因慣性矩變小了，身體會急速地回轉，往往給對方有反擊的機會。

中國北派拳法，有一種重要的技法旋風腿。在表演會場經常能看到，這也是利用角運動量保存原則。照片上的「蛇拳女王」張ＸＸ，擁有一雙有力的旋風腿。

另外，旋風腿也能應用慣性矩的原理。向旁邊出腿時，角運動量很大，所以腳尖會有威力。可是因為全身的角運動量是固定的，所以踢腿時，就必須把其他部位的角運動量儘量縮小。

縮小其他部位的角運動量，目的是減少慣性矩，另外在踢到對方的瞬間，其他的部位也儘量不要回轉，以增加威力。

所以，在出腿時，手不要伸直來回旋。

角運動量保存原則能活用於身體向同方向回旋的技法，所以能巧妙應用力學法的人，也會活用，當然其他的法則也會應用到。

6. 角運動量保存法則的活用（Ⅱ）

前項只談到有關連續技法的角運動量，而實際上，角運動量保存法則也能應用在單發技法上。

增加實力的要領—③

坐在旋轉的椅子上，把腳離開地面，以左、右手轉動，如此，下半身和椅子一起往手臂相反的方向回旋。另外，把手向旁邊伸，或者增加擺動速度和寬度，這樣下半身的回旋也會變大。

剛開始靜坐時，全身的角運動量是「0」，接著手臂向右擺動，就產生右轉的角運動量！擺動得愈大，角速度就增加，因為手臂伸直，慣性矩會增加，所以角運動量也會變大。

根據角運動量保存法則，全身的角運動量，必須是和手臂右轉的角運動量同樣大小而且方向相反的角運動量。

總之，身體的任何一部分，如果向某方向回轉的話，其他部位就會有這種特質。

右回旋踢時，因為右腳必須有很大的角運動量，所以身體近似右腳為軸來回轉。因為左腳的回轉，會發生力矩，所以增加角運動量。

兩手同時向右回轉，就和坐旋轉椅的原理一樣，因為是利用反作用力，所以

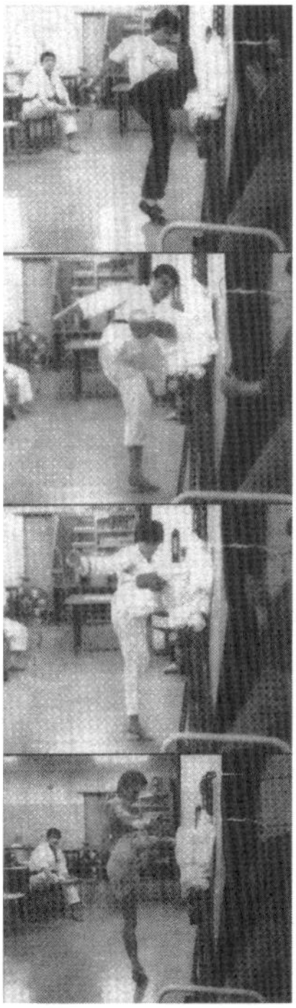

①手臂伸直用力向右回轉，右回旋踢的威力就增加。

②防守的右臂，也要筆直地繞到面前。

圖6

右腳的回旋速度也會變得很快。原則上，手臂要儘量伸出而且用力轉比較有效，然而，防守時就不需要如此。

在強力的右回旋踢時，至少要把右臂根據此原理來揮動（如圖6－①）而且右前臂要筆直地繞到面前，和右臂比起來慣性矩小，所以用力踢腿的效果很差，但可防對方襲擊頭部。（如圖6－②）

7.角運動量保存法則的活用（Ⅲ）

增加實力的要領－④

出拳或出腿時，大多是一邊前進一邊出拳或出腿，如果前進的衝勁，能改變為回轉的衝勁，則回旋踢追打後退的對手，就更具威力了。

說實在的，由前進運動變為回轉的過程中，都和角運動量保存法則有關連，它的原理如圖7－①。

從右向左前進的物體，碰到P點停下來，然後，再以P點為中心開始回轉。物體重心G的運動，沒有直接向P點動，所以在碰到P點之前，物體雖未完全地回轉，但在力學上，卻有以P點為中心旋轉的角運動量。

在碰到P點之後，這個角運動量就變成很明顯的回轉，而如果重心G正面碰到P點時，物體就完全不回轉而停止。

圖7－②就是以同樣的原理，應用在右回旋踢上，左腳的落地點A不能偏向前進方向的左邊。

圖7－①所示的情況，是左側著地的比較容易出腿，但如果著地太偏左，回轉的速度反而變小，又難以取得平衡。

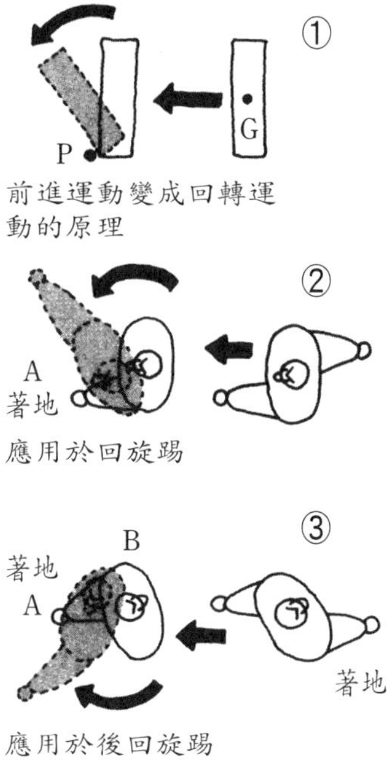

圖7

圖7－③是後回旋踢和回旋踢，後回旋踢和回旋踢相反的是左腳要在進行方向的右側著地，因為身體是從右邊開始回轉，所以衝勁完全要依靠身體。

空手道的比賽中，常常可以看到連續的後回旋踢，以力學的觀點來看，是很合理的組合。

後回旋踢和回旋踢的著地點A和著地腳的骨關節B，對進行方向來說，是同側的動作較容易。

原則上，跟骨關節B的位置沒什麼關係，因為回轉只是以著地點A的位置來決定的。但，A和B的進行方向剛好相反，所以骨關節就會受力過度，而引起運動傷害。

圖7中只介紹後回旋踢的原理，然而，出拳時也可以用同樣的方法。

8.「於肩寬前後左右」是最好的架勢

基本移動架勢

在格鬥時，不管是攻或守，都必須配合對方的動作，要做一個能積極活動，而且對任何一種攻擊都能應付的姿勢，以下即是力學上較合理的架勢。

原則上，任何一個關節都無法同時完全伸直和彎曲，所以在維持一種姿勢時，除了必要的肌肉以外，其餘的都要放鬆。

移動架勢中，雙腳的位置在身體和兩腿連起來的直線平行方向較好，例如，向正面做個立正的姿勢，腳尖分開，就是橫向或前後向都不移動的姿勢。

所以為了能方便前後左右的活動，就要把腳前後分開。其次，兩腳之間距離的寬度，也是很重要的，移動身體或者是回轉時，都要靠下半身用力，腰扭動需靠腳力，身體移動或回轉的加速度，和腳踢地面的力量成正比。

圖中選手的架勢，是兩腳前後左右平均放在地面上，腳尖向內以保持理想的架勢。

在力學上來說，容易發出腳力的姿勢，才是正確的架勢。

腳是靠骨關節、膝關節、腳關節來移動，這些關節的力量和從蹲下到一躍而起的力量相同。三個關節同時動時，動作會更大，速度也會變快。

另外，還要注意把體重放在稍微靠腳尖的內側，也就是兩樣要向內側收，然後腳的三個關節要同時動，而且要向容易出力的方向動。

基本的站法——馬步，因為兩膝分開，所以向兩邊比較難動。

想向左邊動時，如果右膝向右打開，骨關節和腳關節就會不自然，在右腳踢地時，不容易發出很大的力量。

基本練習時的站法和正式比賽不同。

9.側步能發揮回轉力

架勢和動作的力學

不論使用任何架勢，在靜止狀態下，身體的重心G在著地部分的範圍內（圖8－①的斜線部分）的上方。如果重心脫離這個範圍就會倒下，但在身體移動時，因為有動態的平衡，所以不在此限。

例如，騎自行車時急轉彎，騎士身體的重心並不固定，所以姿勢會變，如果把腰放低向後拉，形成く字型，兩手向前伸，重心就會跑出體外。

雖然我們常說，氣要置於丹田，但丹田只是心理上的，和力學上、數學上的重心都不同。然而如能把氣置於丹田，全身就能放鬆，所以能應付各種動作。

如圖8－①的姿勢，是最容易動的兩腳連接直線AB的方向（關於理由在下一項中說明），後腳B向斜後方踢，那麼，B就會有地面的反作用力f，力作用線會通過重心G（投影在地面的點），或其附近，所以在通過G的垂直軸周圍，幾乎沒有讓身體回轉的作用。

這個時候，重心G會向G'前進，而前腳A和後腳B各向A'、B'前進，使身體不回轉而向左斜前方前進。

其次，為了要閃躲對方的攻擊，所以把身體經左邊移動（圖8－②），後腳B往右踢，地面上的反作用力f就會向左，此時作用線不透過重心G。假設作用線和G的距離是l，在通過G的垂直軸周圍，會產生fl右轉矩。

由於力的G進到G'，然後又到左邊才前進，所以身體會向右回轉，那麼把向左側移動的左腳著地，根據前項說明的「把前進運動變成回轉運動」的原理，身

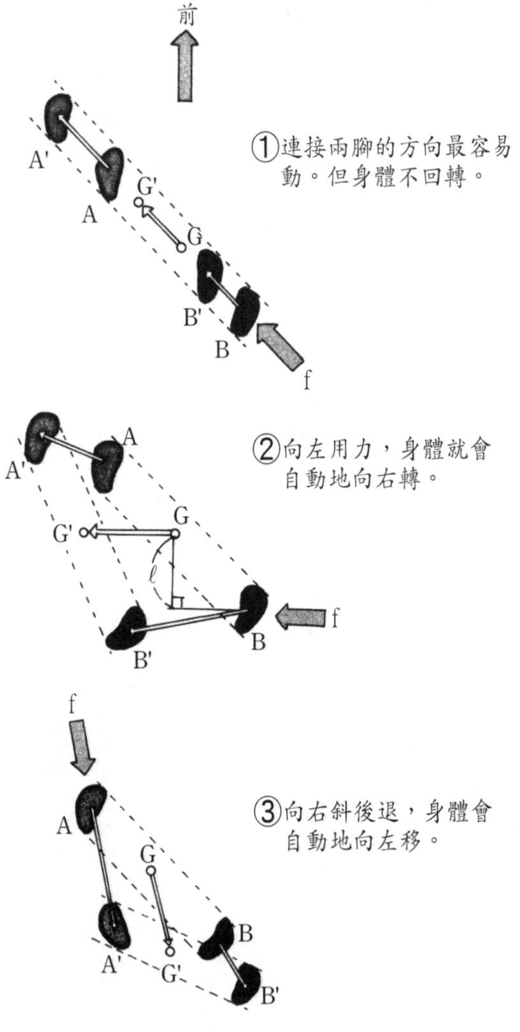
前
A'
A
G'
G
B'
B
f
①連接兩腳的方向最容易動。但身體不回轉。
A'
A
G'
G
ℓ
B'
B
f
②向左用力，身體就會自動地向右轉。
f
A
G
A'
G'
B
B'
③向右斜後退，身體會自動地向左移。

圖8　架勢和動作的力學

體就有向右回轉的趨勢。此時，把收回的右腳著地，開始調整和地面的摩擦，以自己喜歡的角度回轉。

僅僅以右腳踢地面的單純動作來看，重心從G追到G'，身體會很自然地向右回轉，兩腳的位置就像A'和B'，身體就會自動地朝向右斜前方，所以這個時候要反擊是相當容易的。

圖8－②假設受到攻擊時，向右邊逃避，左腳A向左踢，因為地面的反作用力，所以會向右，作用線經過重心G的前方，身體就會轉向右邊，身邊向右一動，同時也會向右回轉，這樣子背向對方是很不利的。

和連接AB的直線平行，把左腳A向B→A的延長方向踢，那麼和圖8－①相反，身體不但不會回轉，還會向右斜方後退。

或者是像圖8－③，左腳A稍微靠前踢時，身體就會以最偏右方的右斜方後退，同時，身體會向左回轉，而向著對方，所以很有利。

以身體的移動和回轉的力學來判斷，兩腳只是前後張開得很大的架勢，很難做橫向的動作。

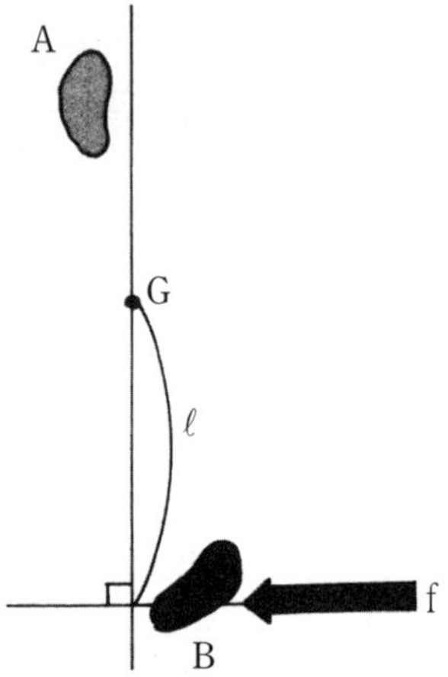

圖9　如果雙腳前後開得很大，就很難向兩旁移動。

例如圖9所示，前腳的膝蓋彎曲，而後腳伸直的架勢，如想向左移動，只要右腳向右方地面踢，就可得到地面的反作用力f。

由這種架勢，要做向左移動的不利點有三。

第一，想把幾乎已完全向後伸直的後腿向地面踢，從關節的活動來說，很難發出很大的力量。

第二，因為重心和力的作用線距離I很大，所以力f雖不是很大，但短fℓ相當大了，因此身體會向右轉。

第三，因為活動的方向和連接兩腳的直線AB幾乎垂直，所以就算有能力發出很大的力ｆ，也無法在需要保持平衡之下，突然向左加速。

關於這一點，在下面一項中，將做詳細地說明。

10. 低前傾的架勢

重心的位置和移動程度的關係

在圖８－①已經說過，靜止的姿勢，身體的重心在貼地兩腳所圍起的上方。

可是，在移動時，因為只有一腳著地，所以重心也會移動。也就是靜止的架勢，有別於動態的平衡。動態平衡可以明白地把最初架勢的重心位置和移動程度的關係表示出來。

圖10－①就是把圖８－①從左斜後方的ＡＢ以垂直的方向來看的。

因為前腳輕輕地提起在地面上滑行，所以未受到地面的反作用力，而後腳因踢了地面，所以得到反作用力水平ｆ（和圖８－①的ｆ相同）。

重心Ｇ水平移動時，後腳和體重mg（m是身體的質量，g是重力加速度）的

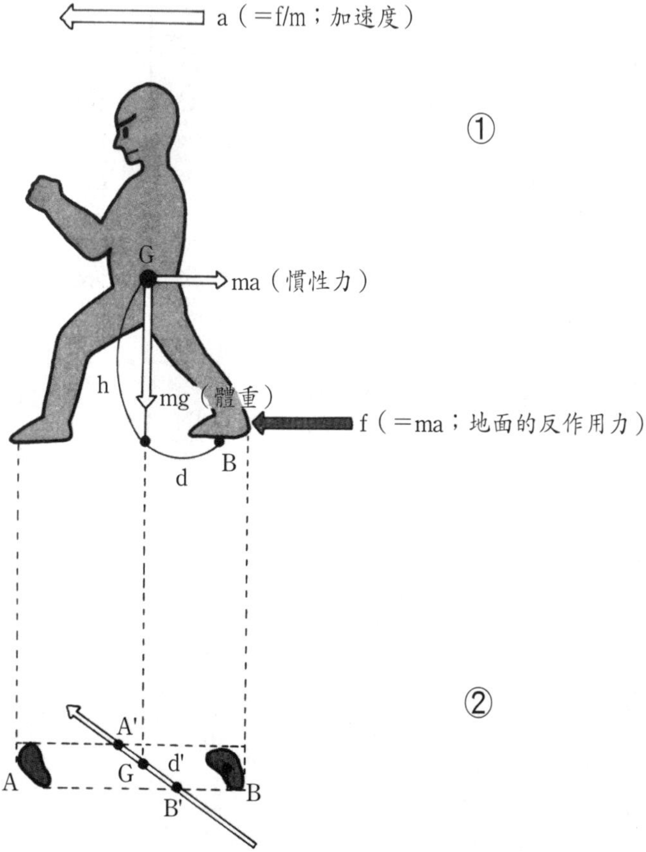

①後腳B和重心的水平距離d愈大，重心的高度愈低，就能在身體不向前後傾斜之下作急加速。
②和兩腳連接的AB線不同方向（→），要移動時，d就會變成比較小的d'，所以很難有很快的急加速。

圖10

中國拳法的翻子拳，其架勢的重心d是採取前傾這種最適合猛攻的架勢。

力一樣大。

由於地面的力f，在重心產生了B→A方向的加速度，所以重心有逆向的慣性力ma產生，當然體重ma向下時，慣性ma會讓後腳B向後回轉。

後面轉的矩mah，h是重心的高度，相反的，體重mg有讓身體向前倒的mgd，d是重心和後腳重心的水平距離，只要雙方的矩水平，身體就不會向前後傾倒而移動。

寫成公式就是——

$$mah = mgd \quad \therefore a = \frac{d}{h}g$$

比方說，h = 90cm, d = 30cm 時，

以$g = 3.27m/S^2$，最初的〇・二秒間，身體會以每秒〇・六五公尺的加速度前進。

①式中，身體能不向前後傾斜移動的加速度①和重心的高度d成反比。也就是，重心降低的姿勢比較有力，又，①的重心和後腳B的水平距離d成正比。

同樣的姿勢，重心愈接近前腳A時，d就愈大，會向前方加速前進，若想後腿時，就必須把重心移到後腳上。

例如，在短跑時，選手會採取h儘量低，而d儘量大的姿勢。由於①式不含身體的質量m，也就是在和體重毫無關係的條件下，不會因為急加速而使身體浮起來。

那麼，圖10－②中，兩腳連接的直線AB必須和箭頭相反方向，因為相反方向移動的情形很多，所以只要把重心和後腳AB的水平距離d，以最初架勢的安定面切點B'的距離來代替，為d'。d'當然比d小，所以對急加速不利。

其次來想一想和現實的對照。

不懂格鬥技法的人模仿踢腿的動作時，大多只有腳在動，上半身幾乎沒有移動，這是胡亂地做快速活動，而勉強地要超過界限的加速度A，所以上半身移動的方向，有相反的回轉。

由圖10－①看得出來，身體一旦向後傾斜，重心就會升高（h會增加），所以界限的加速度A會減小，因此會更傾斜。

以界限加速度A以下開始動，除非前腳在地面上滑動，一邊滑一邊向下用力，身體會向後腳的周圍前向來回轉，因此重心高h會降低，而重心和後腳水平距離d會加大。

所以加速度a會變大，此時即使用力踢地面，也不用擔心會傾斜。

實際上，我們的身體在無意識中，會避免身體的傾斜，以圖10－①為例，重心在後腳的上方（d幾乎等於0），從此姿勢向移動。首先是兩腳不動，重心移到前腳A，然後再以加速度的方式前進，是在無意識之中完成這些動作的。

最先要把重心移到前面的階段，如果做得過度，很快地就會傾斜，所以應該以無意識地抑制加速度來避免。

腳關節屈肌群收縮力（kgw）	腳關節屈曲力（kgw）	體重和腳關節屈曲力之比（kgw/kg）
630（1）	210（1）	4.2（1.2）
970（1.44）	302（1.44）	3.5（1）

（ ）內是兩者之比

如圖10—②所示，想要移動方向，必先把重心轉移，d'會變大，然後再急加速。但是，重心如果移動也過大，而離開了安定面（比A'前面）的話，除非改變腳的位置，否則不能終止移動。

關於比賽時常用的各種架勢，必須先確定一下安全面的形狀和重心位置，才能瞭解哪一種姿勢適合哪一種動作。

11.體型小的人加速時間較佔便宜

體型大小和敏捷度

由於拳擊有體重制，所以可瞭解到輕量級的選手，活動力較強也較輕快，這可根據力學上的理由來作簡單的說明。

現在以體型完全相同，但大小不同的兩位選手S（小）和L（大）來比賽。假設兩人的身高比是1:1.2，胸圍和手臂圍的比也是1:1.2，反正用長度能夠量出的比都是1:1.2。

	身高（cm）	體重（kg）	腳關節屈肌群剖面積（cm^2）
S（小）	155（1）	50（1）	90（1）
L（大）	186（1.2）	86.4（1.73）	130（1.4）

表1　體型小的選手和大的選手相比較

另外，肌肉的剖面積或身體的表面積的比 $1:1.2^2=1:1.44$，因為體重和身體的體積成正比，所以變成 $1:1.2^3=1:1.73$，以具體的數值套入，例如表1所述。

腳關節屈肌群就是小腿肚的肌肉，以腳尖站立，會發出像彈簧一樣的彈力（表的腳關節屈曲力），肌肉發出的力量是每平方公分7.0kgw，和腳關節的槓桿比是1:3。

關於槓桿比請參考一百四十四頁的圖2－②。但是，這裡所講的和圖2－②稍微有些不同。

從此表也可以看出，兩者的肌肉發出的力量比為 $1:1.2^2=1:1.44$，L比S要強得多，可是以體重的比例來算X量的話，馬上就逆轉變成1.2:1，所以只要S和L的身體是完全相似形，全身肌肉所發出的力量，就可說是完全相等。

出拳時手臂加速（仔細地看是全身都在動），S的加速度變成L的一・二倍，可見S的動作有多敏捷，再做一個大概的計算，從靜止狀態忽然開始移動到了一定的距離，L要比S多花約一・一倍的時間。

又，以走同樣步數來看，假設步法和身高成正比，L比S多花一・二倍的時間，大概地說起來，出拳或踢腿的動作，L也要花比S多約一・二倍的時間。

可見，輕量級的選手動作相當快。但是，出拳或踢腿時，在理論上L和S應

該是同樣的。也就是只有加速時的差別而已。

重量級的選手為了要使動作更敏捷，而想減肥的話，必須注意只減脂肪，如果脂肪和肌肉一起減，不但敏捷度不會增加，整個力量反而還會降低，不得不注意。

另外，體重相同的人，個子高而瘦的選手，不如個子矮而胖的選手來得敏捷。因為矮而胖的選手肌肉比較多，同時身材又短，所以能用很大的力量加速，但如果是脂肪多的肥胖者，就沒有那麼敏捷了。

雖然個子高的敏捷度不同於個子矮胖的人，但由於他的手很長，比較能輕易地打到對方，所以個子矮的選手也不可掉以輕心，要選擇能發揮自己特長的格鬥技法，才能贏得勝利。

格鬥技法能迎戰猛獸嗎？

據說，有人以空手道打死好幾十頭牛，而且還赤手空拳和熊搏鬥，一些充滿信心的人聽到這些消息後也想向動物挑戰，但，是否人類真的有能力和野生的動物一戰呢？這個問題是值得思考的。

先談談結論，並不是有意要潑各位冷水，因為人類空手和猛獸搏鬥實在是勝算不大，理由如下：

(1)格鬥技法是以人為對象，一般動物都有四條腿，和人的體型完全不同，所以就算技法再精也無法應用在和猛獸搏鬥上。

比方說，想連打猛獸的頭，自己的身體反而會被攻擊，另外，想用左迎擊來對付對方的右攻擊的技術，對牛馬是不實用的。

(2)動物的體重是人類的數倍到十幾倍。

如果以貓、狗為對手，實在沒什麼意思。所以要戰的話，就要找中型以上的肉食動物或大型的草食動物，獵豹和豹的體重都比人類要大得多，獅子和老虎更在兩百公斤以上，牛、馬更大到五百公斤。

人和人戰時，體重如果相差了五十公斤，就無法公平的決勝負，更何況是比自己身體大上好幾倍的動物，實在很難想像。

(3)力量或衝擊力動物都比人強

只要想一想人與動物的體重差異，也就是力量的發生來源，以及肌肉量的差，就會明白。比方說，獅子一擊就能把羚羊的脖子打斷，而且為了不讓別的動物搶去，所以一直叼在嘴裡。

另外，斑馬的後腿一踢，也有踢死獅子的威力，這種衝擊力根據推理已經達到好幾噸了。

根據實驗，馬的拉力有七百公斤之多，已勝過了一流的格鬥家瞬間發出來的衝擊力。

(4)動物的速度比人類要快得多

英國純種的賽馬，以時速六十公里能繼續跑幾千公尺，而獵豹的速度更快，時速高達百公里以上。可是，人類一百公尺能跑十二秒，已算是很快的了，算一算，時速也只不過是三十公里。

雄獅子因為體重過重，所以狩獵較困難，但牠的力量和衝擊力相當大。

假設猛獸以時速七十公里的速度向人類撲過來，人用逆拳來迎擊，做這種動作至少要花○・二秒的時間，這段時間猛獸已前進了四公尺。

由於間隔太近或太遠都不能發揮衝擊力，所以必須把時間算準，才能有效的打擊猛獸。

(5)動物的頭不怕衝擊

一般動物的頭是用很強的頭骨和肌肉支撐著，在很厚的頭蓋骨裡面有比人類小的腦，所以腦部很不容易受傷。

因此，動物對人類的出拳或出腿一點也不害怕。

(6)動物的身體很強壯

有一隻斑馬曾經被獅子咬傷腹部，腸露出體外，但仍然繼續奔跑著。

有人使用來福槍射擊野豬，子彈雖貫穿了身體，但野豬還是跑了。

動物不管受了多麼重的傷，還是繼續活了好久。所以說，人類實在是太脆弱了。

(7)和動物的爪、牙、角比起來，人類好像沒有武器一樣。

某一位學者，做了一個實驗，他拿出已死去的鹿，想要不用武器取出鹿肉，但不管是用咬的或拉的，鹿皮都不會破。

由於皮太堅固了，所以就算體內的肌肉已經咬碎，外表還是看不出，血也不會流失，和人類的皮膚比起來，實在強太多了。

因此，不論人類如何鍛鍊，都無法撞破動物的皮。

所以，必須運用智慧，讓這些動物變成不動的狀態，尋求牠的要害，加以攻擊。要習慣於對方的動作，想辦法找出攻擊要害的方法，等有了自信以後，再認真地向動物挑戰。

格鬥技科學解析

《招架的力學》

第五章　能成為鐵壁防禦的力學法則

第一次看到格鬥技法的比賽時，對於一些有強力破壞性的出拳或踢腿，究竟要用什麼方法來招架，實在是很奇妙的問題，現在從力學的觀點來看看。

出拳或出腿時，要把手腳的衝勁（也就是運動量）瞬間傳給對方，而產生很大的衝擊力。有三種要素。

(1)大的運動量。
(2)瞬間的。
(3)傳到身體。

其中，少了一項，出拳或踢腿的效果就不好。要領就是巧妙地把這些要素組合起來。

1. 要躲開攻擊的運動量

招架的要領①

三種要素的順序可以顛倒，首先是以(3)的要素作為主要目標的招架方法。

出拳或出腿如果沒有擊中對方，就沒有什麼意義。為了要躲過對方的拳，可使用移動身體的招架法，特別是對方攻擊臉部時，因為臉部的目標小，所以很容易就能躲過。

如果使用拳擊的用語，就是「低頭潛避」，以急速低頭的方式來避開對方的拳。另外，「側轉躲閃」，就是上半身向左右避閃。側步（很快地向左右移動），後仰躲閃（上半身向後仰）……等等。

拳擊一般是不使用腿來踢，所以，拳擊的技法不能作為其他格鬥技法來使用。如果能躲開對方的出拳和出腿，對方就得自己吸收衝擊量，甚至可使他的體勢不平衡。所以也有人說，這是借用對方的「力量」。

如果遇到了移動身體也不能躲過的攻擊時，就要利用在對方的運動量上，加上別的運動量，來改變運動方面的方法。

對方出拳打自己的臉部時，可以用前臂把對方的拳撥開，如圖1的①，假設向臉部打來的對方手臂力量是P_1，這不僅是運動量的大小，還有方向（向量）的

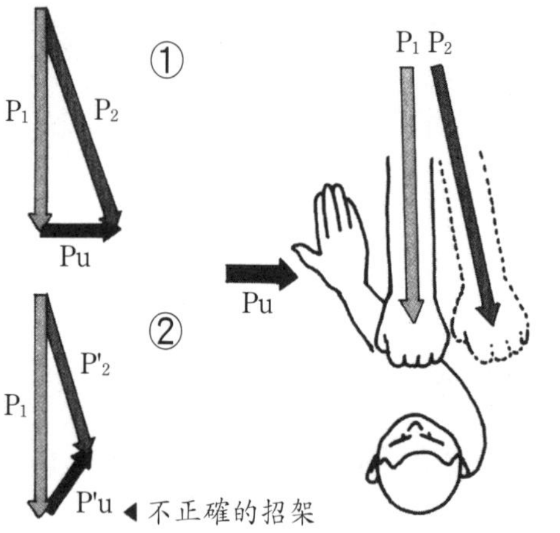

圖1　由招架力來改變攻擊運動量的方向

表示。

所以，必須使用自左往右的撥開力量，這種力的衝擊量（＝力×時間）加在對方手臂上（Pu），結果對方手臂的運動量變成了$P_2 = P_1 + Pu$，所以很容易就可脫離自己的臉部。

從圖1的①知道，招架的運動量（＝招架力量的衝擊量），和對方出拳的運動量P_1相比，只要有幾分之一的大小就夠了。

對方出拳和自己招架的手接觸時間，也就是傳遞招架力的時間是很長的，這是以和出拳和跟腿（約百分之二秒）的時間相比而言。

招架力雖然小，但時間長，所以衝擊量會有足夠的大小。如果和出拳能打中對方的衝擊力比起來，就僅有幾十分之一的力量。

招架時，手臂要扭動，效果比較大，比方說，以右手來招架時，要把對方的拳頭向右側撥開，手臂向右，手掌向右前轉，才是正確的姿勢。

這是因為在人的手臂骨骼和肌肉的構造上（或者是反射性的），肩膀或胸部的大肌肉無意識地活動，所以手掌向右旋轉的話，肘自然會向右側移動。

扭轉本身並沒有什麼力學上的意義，只是人類身體構造上的問題。

圖1中並沒有把出拳的手和招架的手的摩擦力表現出來，因此，以為手臂向旁邊撥開了，但事實上，招架力Pu應該稍微向前方。

在中國拳法中，也有活用這種摩擦力的招架方式。

招架力要儘量地和攻擊的運動量垂直才正確。如圖1的②，同樣的招架力（衝擊力）如果加在前方，運動量變成P_2，方向就沒什麼改變，所以不算是招架。

但是，如能和移動身體並用，對方的運動量就會脫離自己所需的，可以加上增加運動量方向的力量。比方說，把對方出拳和手拉過來，或把對方的踢腿踢更高等，這樣會使對方的姿勢變得不平衡。

2.減少攻擊的運動量

招架的要領②

要出拳或踢腿時，必須先讓手和腳產生加速度，等到擁有大的運動量時，再傳給對方。所以，攻擊的運動量變成最大的瞬間，不要正面地招架，以防受傷。

有人因為用手招架對方的回旋踢，所以手臂折斷了，這是因為在對方踢腿最快時接招的關係。

較高明的人，會選擇對方在回旋的一瞬間立刻迎擊，就是說要在對方踢腿的運動量還小時，就要開始招架了。另外，還可在對方快要做前踢腿時，用腳底來壓住對方的膝蓋，讓對方發不出加速度的技法。

為了要對抗對方使用右拳來打臉部，可以用左拳把對方的手打到右邊，然後再出右拳，所以可說是一種兼具反擊的防禦法。另外，把對方的運動量撥開或減小的同時，還可扭抱對方，使其不能出拳。

這種架勢雖然很理想，但是不太容易做到，所以不妨用移動身體的方法來躲避對方的攻擊，等對方的拳和腿完全伸直時，自然就減速了。

當我學習少林寺拳法中的「中斷轉身踢的橫十字招架法」時，瞄準了前輩的左側腹盡力地踢，很簡單地就被撥開了，當時根本站不穩，搖搖欲墜。

後來，前輩開始攻擊，我雙手的防禦似乎失去了功能，前輩的腿狠狠地踢中了我的身體。

開始時我覺得很奇妙，前輩把體重全部移到右腳，然後扭轉身體，來躲開我對他側腹的攻擊。在我踢腿落空時，他找了一個適當的時機讓我的腿彈回來。

然而，在他攻擊我的時候，我並沒有扭轉身體，只是站在原地來招架，所以失敗了。所以，用橫十字招架法和出拳踢腿正面打到目標時相比，攻擊的時間比較長，因此，招架力的衝擊量會變大，足夠抵消攻擊的運動量。

前輩的脛骨和我的手臂相撞，因為硬碰硬，所以我受傷了，如果我用的是小指側來招架，恐怕就會有折斷的危險。

泰國拳中，如果不能夠招架對方的回旋踢，通常會把身體彎曲小，以肩膀到背的部位來承受。

踢腿的膝蓋和脛，以及腳背，按照順序踢到背部時，就等於是花了很長的時間來接受對方的衝擊力，所以傷害不會太大。

3. 鍛鍊身體的肌肉

除了「點到為止」的空手道比賽，以及戴防禦用具打鬥的格鬥技法外，都需用身體來招架對方的出拳或踢腿。

招架的要領③

所以，拳擊或真拳系流派的格鬥技家，都利用腹直肌、外腹斜肌、胸大肌……等作為挨打瞬間的防禦武器，讓這些肌肉用力來阻止對方攻擊的運動量。

比方說，腹直肌從肋骨前開始，經過腹部前面到下腹部恥骨上，這麼長的肌肉，其間有三至四跟腱，所以，腹肌看起來像分成好幾塊，用力或收縮時，肋骨和恥骨就會互相拉動。

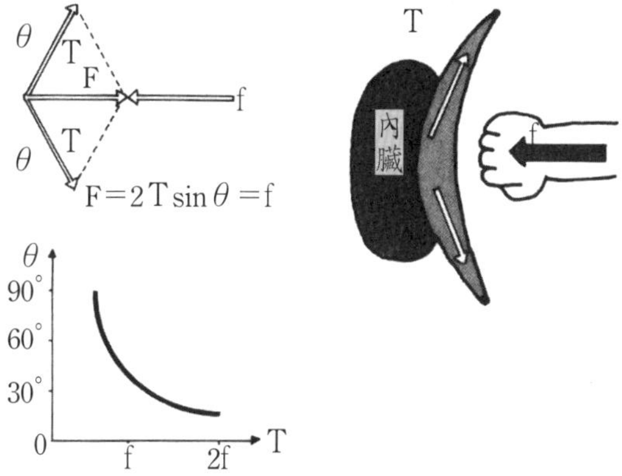

圖2　腹肌的張力T愈強，對於同樣的衝擊力*f*身體凹陷，以及角度θ均小，所以內臟會受到保護。

除了仰臥之外，腹直肌都要保持有力的狀態，在用力時身體會自然地向後彎，以防止身體縮成一團。

如圖2所示，從右側把衝擊力f加在身上，假設腹直肌的角度θ凹下，腹直肌的張力（收縮力）為T，就有$F = 2T\sin\theta$向右的作用，和衝擊力均衡。

如果腹直肌能夠發出衝擊力兩倍的力（T＝2f），那麼，凹進的角度差θ＝14.5°，如果只發出一半的力量（T＝½f），則θ＝90°。

這種力量會達到腹直肌裡的內臟，所以，讓腹直肌在瞬間發出很大力量的訓練，是不可缺少的。

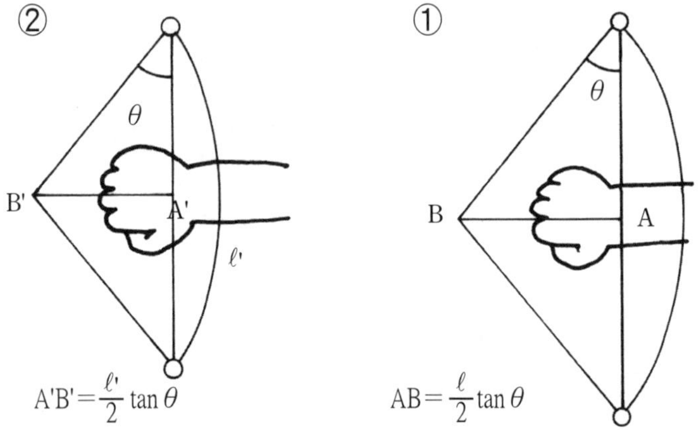

圖3　被同樣的衝擊力打到時，做腹部收縮的動作，使腹直肌縮短，那麼，身體凹陷的距離會變小。

嚴格地說，腹直肌的力量T小時，相對的衝擊凹進的角度就大，所以同樣的出拳和踢腿，也就等於花很長時間來接受運動量，因此，實際所受的衝擊力就很小。結論是，腹直肌愈強的人，對於出拳有很大的反擊力。

由於每個人腹直肌的強度不同，所以在挨拳時腹部凹陷的角度θ不會完全和圖②相同。腹直肌愈強者，腹部就愈不會下陷，內臟受到的損害比較少，這是不會改變的。

身體快要被打到時，任何人都會本能地把身體縮成一團，在力學上來看確實是很合理。

如圖3－①，把腹直肌伸展時，和②的身體縮成一團相比較，可得到圖2的說明，腹直肌的收縮力一定時，對於同樣的衝擊力，身體會凹進的只有相同的角度。而實際上，凹陷的距離在①時，是AB，在②時是A'B'，可見，②時小得多。

凹進的距離和原來腹直肌的長度成正比，內臟受到的傷害，不是由凹陷的角度來決定，而是由凹陷的距離來決定。

所以，身體收縮時，腹直肌短的狀態比較能忍受衝擊力。

再談到側腰部位，由於肋骨上的肌肉又薄又弱，所以側腹被打斷肋骨的情形很多，因此，收縮側腹的外腹斜肌，使肋骨的間隔變狹窄，外來的衝擊力會分散到很多的肋骨上，所以就不容易折斷。

4. 鍛鍊頸部的肌肉

招架的要領④

拳賽中，經常有被打倒的情形，究其原因，幾乎全是頭部被打中，因

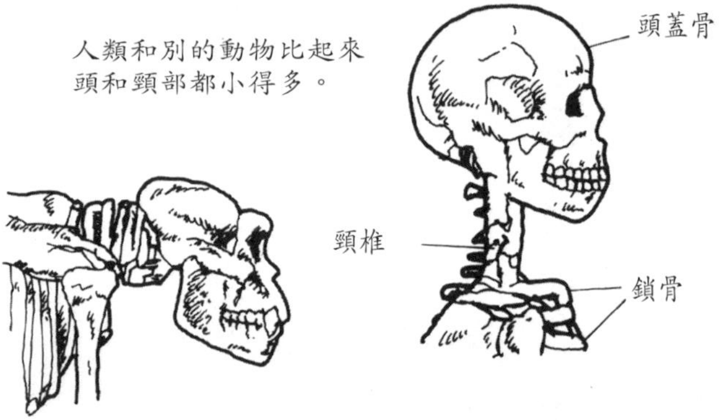
人類和別的動物比起來
頭和頸部都小得多。
頭蓋骨
頸椎
鎖骨

圖4　人類和黑猩猩的骨骼

為人的臉部非常脆弱，所以挨到了重拳很難不受傷害。

以人和黑猩猩的骨骼來作比較，首先注意頸椎部位，由於黑猩猩的頸椎要支撐水平的頭部，所以必須延伸到胴體，而且也比較強壯。

另外，顎骨的大小也有差別，因為黑猩猩以野生植物為主食，所以牠的下顎也必須又粗又壯。

人的下顎比較細，咬合的肌肉也只有到太陽穴，而且在頭骨中有比黑猩猩大的腦，因此，很難經得起強力的打擊。

人的頭在質量上來看，也比黑猩猩小得多，另外，對於衝擊力的抵抗能力

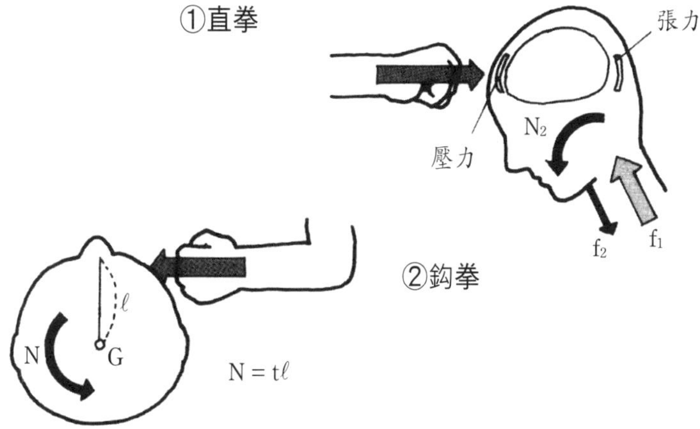

圖5　臉部挨拳時的力量

也很弱，所以被打擊時，整個頭會根據加速度＝$\dfrac{\text{衝擊力}-\text{頸部的支持力量}}{\text{質量}}$的公式移動。

頭骨內的腦，由於慣性的作用，所以會如圖5－①所表示的，腦的前部會產生壓力，後部會產生張力，這也是腦會受傷的原因。

假設正面受到最大值三百公斤的衝擊力，頭部重心的加速度，就可達到一百g的程度，也可說腦在瞬間就有一百五十公斤左右的力在作用。

為了防止腦的作用力太大，所以要把右邊公式中的頸部支撐力儘量調大，才能抵消衝擊力，因此，要收下顎，把頭稍微

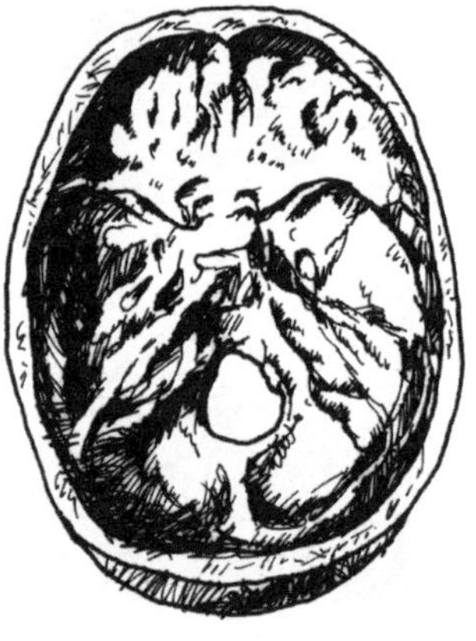

③頭蓋骨裡有很多的突起

向下，如圖5－①所示。

頭骨以力f_1從後方來推頭部，衝擊力因此會抵消一些，另外，還可在頸部肌肉上用力，以f_2的力加在頭骨上，使頭部有力量能向前（N_2），以防止頭部因對方的衝擊力而向後仰。

平時把頸部的肌肉鍛鍊好，勤練收下顎的姿勢，才能經得起對方的直拳攻擊。另外，對於強有力的鉤拳，就必須更注意了。

鉤拳大多如圖5－②所示，從側邊打到下顎的情形較多，假設衝擊力點f，頭部的重心G和力f的作用線距離是ℓ，衝擊力有以頭為重心G為軸來向左回轉的力矩$N＝f\ell$。

例如，把手榴彈放在手掌中推和轉動就知道，旋轉時用的力較小，給物體做整體的加速是比較費力的。

因為在急加速的頭蓋骨中有柔軟的腦（如圖5－③），而且在內側皮下側有很多突起的骨，所以，如果能把力量分散的話最好。

由於這些骨的突起，使腦發生了複雜的應力，所以很容易受到傷害。因此，最好能把頭部扭轉，來對抗鈎拳的衝擊力。

5.以較強的部位或角度來招架

對方的拳快擊中自己時，以前臂或肘來擋。另外，當對方以直拳攻擊臉部時，可用肩膀來擋。

招架的要領⑤

這就是利用前臂、肘等比其他部位要經得起打擊的部位，來應付對方的衝擊力，如此一來，可保護身體不受傷害。但是，招架的部位經常容易受傷，所以還是必須注意不要直接使用拳擊的防禦法。

最佳的招架是用拳來對付對方踢出的腳背，以肘來應付對方的脛部前面的肌肉，也可說這是兼具反擊的招架方法。

在泰國拳中，有一種下段回旋踢的攻擊法，招架時絕對不可把左腳往右側退，如此可讓對方踢到大腿側，不但承受了對方踢腿的運動量，而且身體還會失去平衡，很難準備下一次的攻擊。因此，可使用馬步（如圖6）。

首先，大腿四頭肌的大肌肉會緊張而堅硬，所以耐得住衝擊力，也就是拿本來就強的部位變得更強來招架。

其次，站穩馬步的狀態可使大腿變斜，因而對方踢出來的腳無法垂直用力，所以，這種站穩馬步的招架方式有把對方衝擊力變小的效果。

第三，膝蓋必須向著對方踢腿的方向，成為拱狀，如圖6－②的左側較強的構造，相反的，如果是膝蓋的內側挨踢時，就和弱的構造相同，所以膝關節就會變彎，如圖6－③所示。

下段回旋踢，由旁邊踢到膝部，以股關節H和腳F連接的直線作為轉軸，向圖的左邊回轉，也就是身體會失去平衡的原因。

假設踢腿的衝擊力f，回轉軸和膝蓋的距離是L，就會發生腿向左轉的力矩（＝力×回轉半徑）$N=f\ell$，可是如圖6－①所示，膝蓋要是向左彎，就和對方

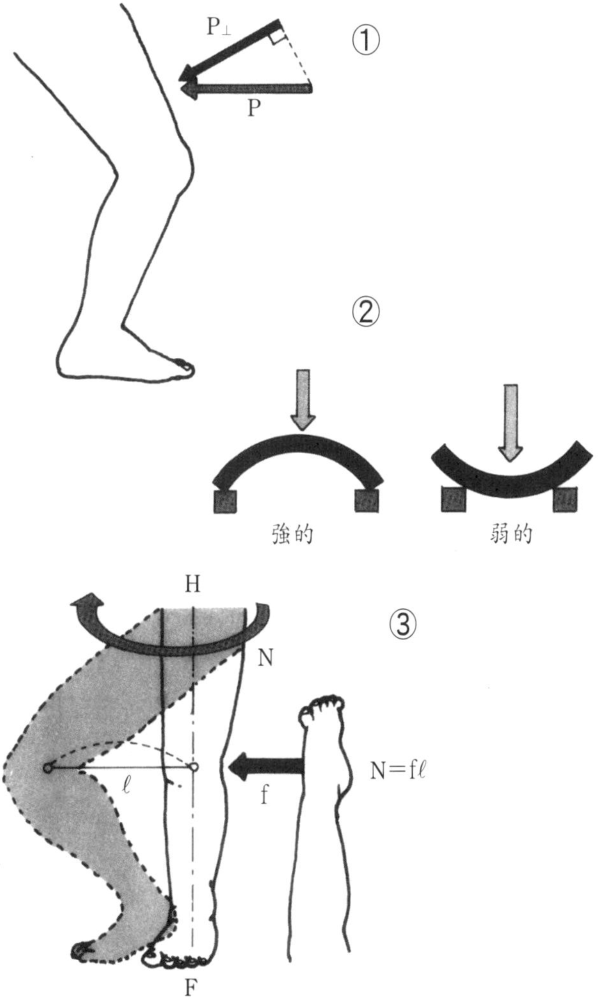

圖6　合理的下段回旋踢招架之一例

踢腿的回轉軸重疊，回轉半徑幾乎等於0，力矩N幾乎等於0，所以腳一點也不會回轉。

對方以中段回旋踢來攻擊時，必須用強的部位或角度來招架，用膝蓋提起的方法來撞對方踢出的大腿內側，因為大腿的移動比關節或腳的速度要慢，所以衝擊力也小，對本身沒有傷害，但對方會感覺到痛。

而且自己的膝蓋碰到了對方的大腿，所以會自然回轉，不會失去平衡。

練習格鬥技法時，要理解本書所談到的原理，按照這些方法做，也應該要有自己發掘的本領，因此，多多訓練是很重要的。

《強化的秘訣》

第六章　科學的體力訓練

格鬥技法是把對方打倒的技術，如果不能身體力行，那就根本無法表現出來，所以要鍛鍊強壯的身體，再來進行格鬥技法。

本章的目的就是要以科學的體力訓練來探討格鬥技法。

1. 實行格鬥技法體力是否能增強

實行了格鬥技法，體力就能增加嗎？初學者可能會回答「是」，而熟練者的回答卻否定的，為什麼呢？

體力訓練的必要性

因為在格鬥技法的練習中，把各種所需要的體力要點，做了綜合的鍛鍊，其中各個要素能提高的效果並不一定，所以，正確的答案可能是否定的。從人類的生理上來說，不可能同時做瞬間爆發力和全身持久力等高度的鍛鍊。

初學的人做綜合的訓練，對於各要素中比較弱的刺激，也有訓練的效果。因此，當體力上升時，效果就會變小。

比方說，有一名選手雖然有瞬間爆發力，但他在比賽中，很快就喘不過氣來，缺乏持久力，所以想要得勝也不容易。最好的方法就是好好鍛鍊，另外，有體力但缺乏瞬間爆發力的人，也要做瞬間爆發力的訓練才好。

這種訓練並不限於格鬥技，任何運動都有訓練的必要，例如，自行車越野賽，必要的體力要素是全身的持久力和腳肌耐力，但在跑了幾十公里後，到達終點的一刻，如果不能保持高速前進，實在不能保證一定能勝利，所以瞬間爆發力的衝刺很重要。

賽跑時，第一名和第二名的差距通常都在一秒以下，所以說，一點點的瞬間爆發力之差，就能決定勝負，因此，訓練時一定要做到終點勝負的練習。

空手道在練習時通常利用草靶子，而中國拳法是以裝鐵砂的特殊袋子來鍛鍊，這些格鬥技要熟練是絕對必要的，但在實際比賽中，不可能像鍛鍊時不停地打對方，因為對方會反擊亦會防守，所以在格鬥技的訓練中「經得起打」也是很重要的。

肌肉是愈打愈強壯，所以多加練習有益無害，另外，如果運用最後衝刺，更能提高效果。用盡了全身的力量把腳踢出去，要注意自己和對手的距離，以免由於腳伸太長而使膝關節受到傷害。平時如能勤加鍛鍊膝部肌肉，就能忍受這種異常的力量，可見平時訓練的重要。

2. 人體中有三種力量來源

力量源的秘密

由於肌肉的收縮而發出力量或能量，這是大家都知道的，而力量的來源有三種，卻鮮為人知。

三種力量源，可分開使用。如圖1的右側，在肌肉中的ATP（三燐酸腺苷酸）分解變成ADP（二燐酸腺苷酸）的過程中，因為ATP的量很少，所以很快就會用完，因此，一定要連續運動再合成ATP成。合成的方法有三種，相當於這三種的力量來源。順序如下：

(1) 非乳酸性機構

由肌肉中的ATP，以及CP（肌酸）分解產生的能量，能再合成為ATP，但是肌肉的收縮只能持續七、八秒，所以可利用在空手道的試劈上。

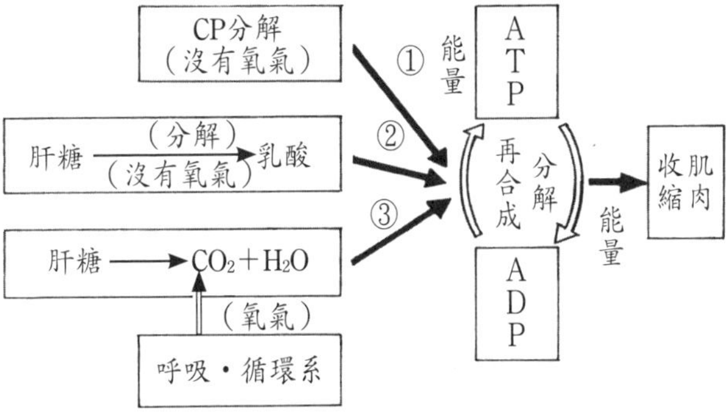

①非乳酸性機構（瞬間爆發力）
②乳酸性機構（中等力量）
③有氧性機構（全身持久力）

圖1　三種力量源

(2)乳酸性機構

肌肉中含有的肝糖，在沒有氧氣之下分解變成乳酸之際，以此能量再合成ATP，這種能量只有非乳酸性機構的一半，所以只要乳酸一積存，這個機構就會停止運作，持續的時間差不多只有三十秒。

因此，拳擊時的猛攻……等的運動，主要是由乳酸性機構來作用。

(3)有氧性機構

使用從肺部吸進體內，而由心臟的壓縮作用送到肌肉血液中的氧氣來燃燒肝糖（碳水化合物的一種），或脂肪（有時是蛋白質），使其產生能量的機構。

力量不到乳酸性機構的一半，但由於

不積蓄乳酸，所以能夠長時間使用，可運用在三分鐘以上的運動上。

在(1)中非乳酸性機構的消耗上，以及ATP和CP的恢復，還有(2)的乳酸性機構中，乳酸的分解等，都是由於氧氣的作用。

為了加深理解，以拳擊為例，當一敲鑼時，初學者就會果敢地出拳，出拳有相當的速度，身體的活動也很輕快，這個時候是非乳酸性機構發出力量。

經過十秒、二十秒之後，對於拳套開始感覺到有重量了，腳步也愈來愈沈重，這是乳酸性機構的作用，疲勞就是由於乳酸的量增加所致。

才半回合，就開始搖搖晃晃站不穩，呼吸循環器會完全的活動，希望把更多的氧氣送入體內。

第一回合結束後，呼吸還是很急促，那是由於在(1)和(2)中，由沒有氧氣狀態下發出的力量，想要藉由氧氣的進入而恢復。

這三種能量的機構並不會忽然改變，必須根據強度及時間的相補來發出力量。如前所述，由不同機構發出的力量是不同的。

非乳酸性機構——瞬間爆發力

乳酸性機構——中等力量

有氧性機構——全身持久力

由於⑴、⑵的能量機構不需要氧氣，所以靠這些機構來做的運動叫無氧運動，也就是停止呼吸，在短時間內發出力量的機構。

在自己所修練過的格鬥技中，到底哪一種力量最重要呢？應該好好想一想再做選擇。

3.由肌肉來決定的速度派和體力派

前面提到由肌肉發出力量有三種不同的機構，因此，肌肉纖維也分三種。

肌纖維有三種

以肌纖維的直徑來看，有〇・〇二㎜到〇・一五㎜等，長度有數公釐到三十公分不等，成束地構成肌肉（也就是骨骼肌，和心臟的心肌或其他的內臟肌肉不同）。

肌纖維的分類法雖然有好幾種，但是差別不大，所以僅提出一種為代表。

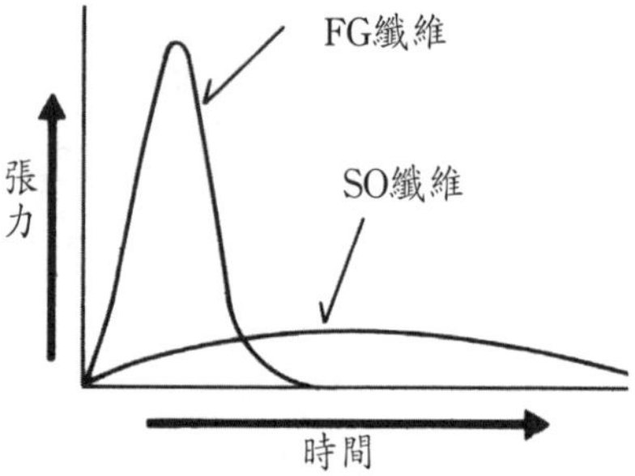

圖2　SO以及FG纖維的運動單位和機能特性（FOG纖維擁有SO和FG纖維的中間特性）。

(1)ＦＧ纖維（速肌纖維）

收縮速度又快又強（圖2），但沒有持久性，一兩分鐘之內就會疲勞，在非乳酸性以及乳酸性的機構均能發出能量，尤其是需要瞬間爆發力時特別適合。

如果連續做持久性的運動（相當激烈的運動），就會變成ＦＯＧ纖維，不過，一旦中止運動就能恢復原來的ＦＧ纖維。

(2)ＦＯＧ纖維（速肌纖維）

收縮速度快而且有持久性，在四、五分鐘之間大致能發出百分之百的力量，但是經過一小時後，就會完全地疲勞。

在非乳酸性、乳酸性，以及有氧性機構中均能發出能量。

(3)ＳＯ纖維（遲肌纖維）

收縮速度雖慢，但持久性非常好，只有在有氧性機構中能發出能量，適用於全身持久性的運動時。在激烈運動後，僅僅靠ＳＯ纖維並不能發出力量，所以ＦＯＧ以及ＦＧ纖維也要動員。

ＦＧ纖維和ＦＯＧ纖維加起來稱為速肌纖維，而ＳＯ纖維都是遲肌纖維。其中Ｆ是fast（快），Ｓ是slow（慢），Ｏ是Oxidative（氧化的），Ｇ是Glycolitic（分解肝糖）的字首。

速肌纖維（ＦＧ和ＦＯＧ）以及遲肌纖維（ＳＯ）在肌肉中的比例是先天已決定的，不能因訓練而有所改變，但是，可以配合自己的肌纖維組織來選擇各種不同的種類。

也就是配合自己的素質來選擇瞬發型或持久型。速肌纖維多的人比較有瞬間爆發力，但必須兼具能事先猜測到對方的動向等要素。

例如，拳擊比賽共有十五回合，在前半段時表現的速度比對方慢，但愈打愈有勁。到了後半，如果比對手速度快，也就表示他的遲肌纖維比較多。

如能發揮堅韌的持久力，一定能成為優秀的拳擊手。

4. 瞬間爆發力的訓練

肌肉收縮速度和肌力的關係

前節提到了人類力量的來源，有非乳酸性機構、乳酸性機構、有氧性機構三種。另外，肌纖維也分FG、FOG，以及SO三種。

本單元首先以體力的訓練方法來解說，把獲得的力量做有效的技術訓練，雖然很單調，但必須一點一點練習，保持愉快的心情。

如果練習到厭倦時，血糖濃度會降低，身心方面都發不出能量，所以無法達到良好的效果。因此，要選擇配合自己體力的活動，不要太過勞累，這就是科學的體力訓練。

瞬間爆發力是格鬥技中不可缺少的體力要素。

功率＝力×速度

為了要增加功率，必須——

(1) 提高肌力。

(2)提高肌肉的收縮速度。

首先，由肌力來評斷，關於一塊肌肉所發揮的肌力究竟如何？

肌力＝肌肉的剖面積×單位剖面積的力

以此關係得知，肌肉較粗（剖面積大）的人力量較大，剖面積一平方公分的肌力，普通人大約是六公斤左右，但經過鍛鍊的人卻可達到十一公斤，差不多增強了兩倍。

其次以肌肉收縮速度來看，承受輕的負荷速度快，重的負荷速度慢，因此，啞鈴愈輕拿起時愈快。負荷和當時發揮的肌力相等，肌肉收縮速度和肌力（＝負荷）的關係如圖3所示。負荷0時，速度V_0（揮空拳的速度）雖有各別差異，但沒有肌力那麼大的差別，也就是說，靠訓練很難提高效果。

為了能更瞭解肌肉收縮速度和肌力的關係，所以下面舉了一個例子。

以高手A和普通人B來比賽。

在雙方互瞄的階段，突然變成以全力向對方突進的狀態。剛開始的瞬間（速度0）是腳踢地面的力量f_0，但接著前進兩三步後，由於加速度的關係，速度開始加大。

f_0（力）、V_0（速度）都已經加大，如圖4，經常以動的狀態在進行著。假設要把抱住自己的對方，以f_1的力來推，A能以V_A那麼大的速度把B推離，然而B卻只能發出V_B那麼小的速度把A推離。

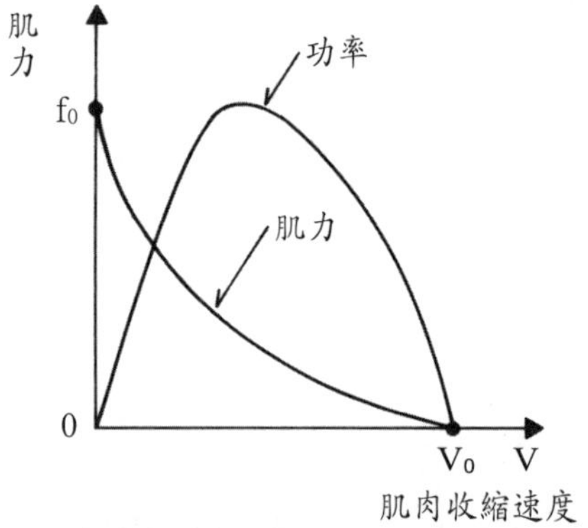

圖3　出盡全力時，肌肉收縮速度和肌肉以及功率的關係。動時的肌力比靜止時（速度O）的肌力f_0小，必須注意。功率在肌力是$\frac{1}{3}f_0$，速度約$\frac{1}{3}V_0$時最大。

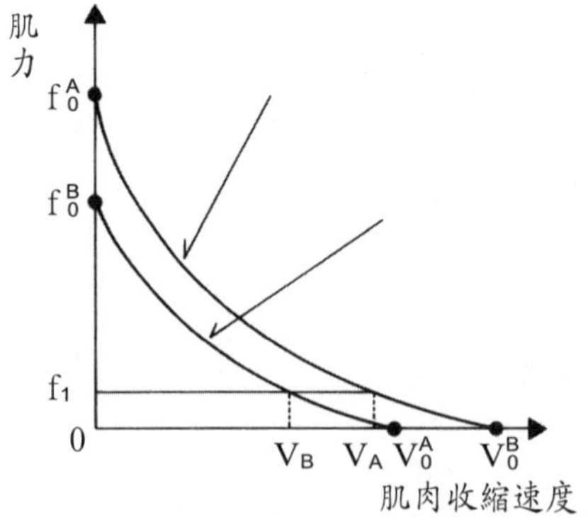

圖4　最大速度是A的V_0^A和B的V_0^B，比率沒有什麼變動，因為A的肌力比較大，所以運動的速度，A的V_A和B的V_B比率變化較大。

功率和速度成正比，所以肌力 f_0 和肌肉收縮速度 V_0 都需經由鍛鍊，才能提高運動的速度。練習空拳或空踢時，手臂和腳的肌肉會以接近最大速度來收縮，所以有增加最大速度 V_0 的效果，但肌力提高的效果則很少。

5. 增加肌力的要領

肌力的訓練

以五十公斤槓鈴來作為重量訓練的器材，如果只能提起一次，表示此人的最大負荷量為六十～八十%，也就是三十～四十公斤的承受量。

選擇自己適合的槓鈴，重量要慢慢加，開始最好以能連續舉起八次的槓鈴來做練習。等到能舉十二次時，再加重二・五～五公斤，依靠這個原理不斷練習即可。

初學者如果不習慣太重的槓鈴，可先選擇連續舉起十次的槓鈴為練習器材，等到能舉起十五次時再加重。

另外，如想同時提高肌肉持久力，可從十次到二十次開始。

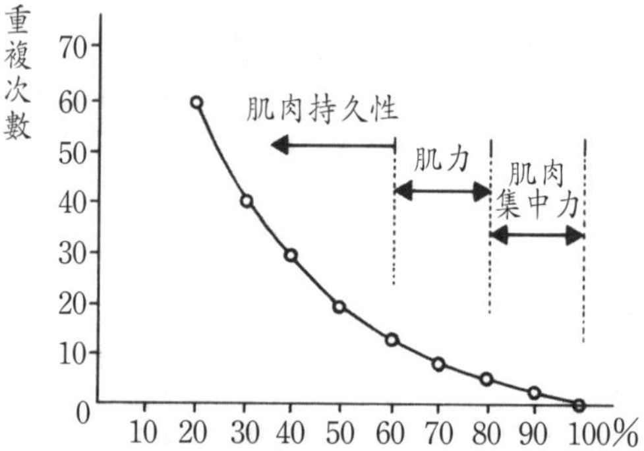

為了提高肌力，所以必須使用一次能舉起重量的60～80%的重量，也就是說能舉起8～12次的重量。

積極練習重量訓練的選手，是科學性重量實行法的實踐者。

圖5　負荷重量和重複的次數

由於這種訓練，肌肉會變粗，每單位剖面積會增加，肌力也會提高，所以練舉重者看來都是孔武有力。

已經達到高水準的人，如果肌肉量（體重）不想增加，而只想提高肌力的話，在練習的過程中，必須以最大負荷的八十～一百％為目標，有時要向一百％以上挑戰，如此，才能做肌力的集中。

具體的訓練方法有三：

⑴一週兩三回。

⑵做十種左右。

⑶各種都要做兩、三回合。

這是一個標準，在⑵中的十種訓練方法，要儘量選擇全身都能鍛鍊的才好，不可偏向拉力或推力。

⑶的回合數，可在舉高十次後休息一會兒再舉高十次，算是另外一回合。如果能確實做到，一定會有很好的效果。

到了高度的階段，練習量必須增加，不然就無法使肌力提高。為了提升肌力，可以找能舉高五～七回合的重量來代替。

當然除了槓鈴以外，還有很多不錯的訓練器材，可以多加練習。

6. 加速的要領

最大功率的訓練

肌力的訓練可使肌肉變得又粗又壯，但是肌力是速度較慢時才有，因為肌力訓練是使用重的槓鈴，所以要慢慢地舉起，慢慢地放下。

如圖1所示，功率曲線中選擇肌肉收縮速度，是最大速度V_0的三分之一負荷量，此時功率是最大的。

做肌力訓練時，可使用輕的負荷做快速的動作，以提高最大的功率。為了提高功率，以下面的訓練最合適。

(1)選擇最大的負荷f_0的三十～六十%（慢慢舉起時，能夠舉起十數回～四十回的負荷，參照圖3）。

(2)要重複做使出全力儘快舉起的動作。

(3)要選擇和實際比賽中的動作樣式、運動速度、運動時間接近的種類和負荷量、回合數。

關於(1)中的空拳或空踢時（負荷0），最大速度V_0雖然能夠提高，但是必須注意不能做慢速度的力量訓練，因此，拿著啞鈴來練習出拳，或是穿著鐵木屐來練習踢腿等，在力量的訓練上來講都很有效果。

但是，必須注意腳或手關節不能完全地伸直，否則在未傷人之前會先傷了自己。另外，為了提高跳躍的力量，可以扛著最大負荷三分之一重的槓鈴來做蹲跳，能夠得到比不加負荷而跳的效果大。

關於(2)中所提到的，必須要盡力地做，集中精神，儘量把更多的脈衝送到肌肉的神經中。肌纖維要儘量活動，如此，才能增加力量。

關於(3)中所提到的，如果想提高出拳的力量，就必須用稍微輕一點的負荷來做推舉。

另外，想和空手試劈時同樣地在極短的時間內提高力量時，就必須出盡全力五、六秒鐘，然後休息一下再重複地做。

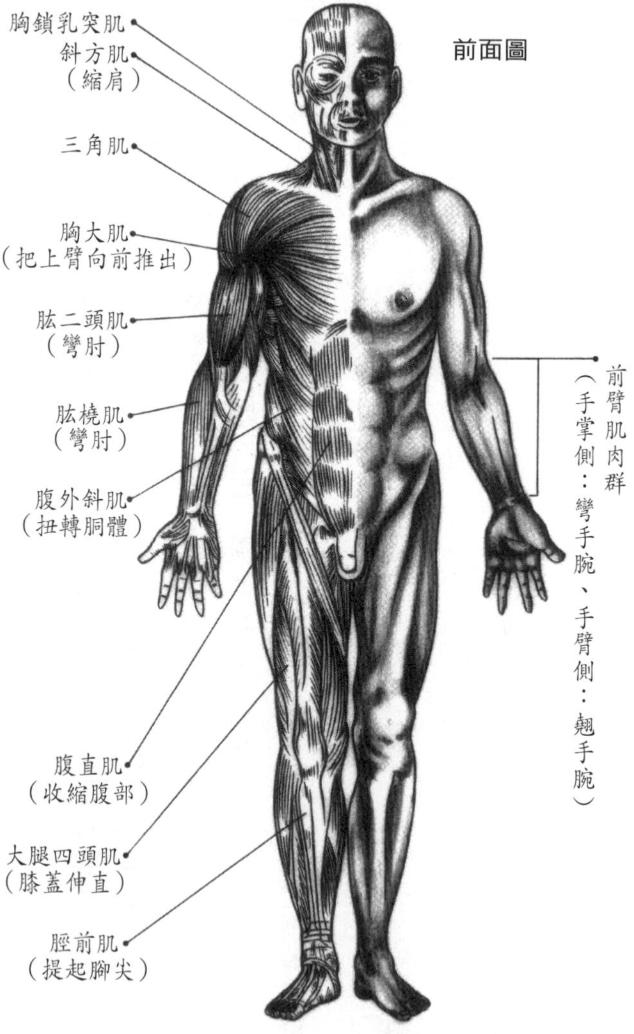
前面圖
胸鎖乳突肌
斜方肌
（縮肩）
三角肌
胸大肌
（把上臂向前推出）
肱二頭肌
（彎肘）
肱橈肌
（彎肘）
腹外斜肌
（扭轉胴體）
腹直肌
（收縮腹部）
大腿四頭肌
（膝蓋伸直）
脛前肌
（提起腳尖）
前臂肌肉群
（手掌側：彎手腕、手臂側：翹手腕）

圖6　主要的肌肉和作用

後面圖

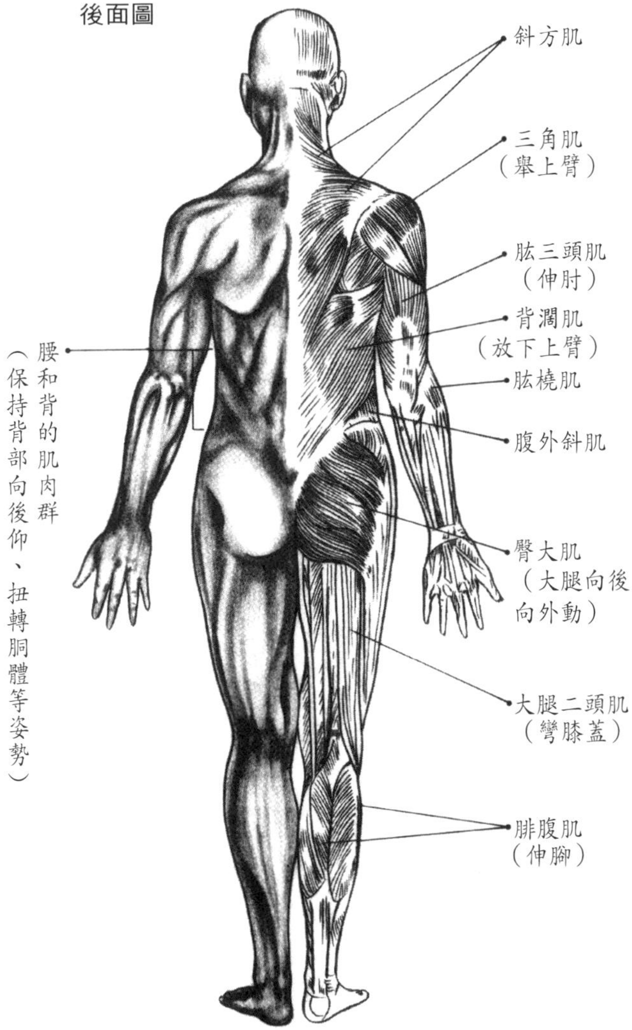
斜方肌
三角肌
（舉上臂）
肱三頭肌
（伸肘）
背濶肌
（放下上臂）
肱橈肌
腹外斜肌
臀大肌
（大腿向後
向外動）
大腿二頭肌
（彎膝蓋）
腓腹肌
（伸腳）
腰和背的肌肉群
（保持背部向後仰、扭轉胴體等姿勢）

②蹲踞
是下半身的運動，但如果用力彎曲膝蓋，因衝勁太大會傷到自己，要注意。

③提起腳跟
腳踝上下活動，膝蓋稍彎，跳躍也可。

3.必須養成挨拳的抵抗力

①仰式推舉
可增加胸部挨拳的抵抗力，鍛鍊胸部和手臂，所以能養成出拳時的衝擊力。

②仰臥起坐
是所謂的腹肌運動，必須注意不可在膝蓋伸直的情形下做。

4.培養臉部挨拳的抵抗力

①角力橋
以頭頂置於墊子上，雙腳落地，形成橋狀。

②頸肌的鍛鍊
把毛巾置於腦後，做前後左右的運動。

1.衝擊力的養成

①推舉
站立著把槓鈴往上提高，然後置於胸前或頸後。

②站立划動
把槓鈴提到肩膀的高度。

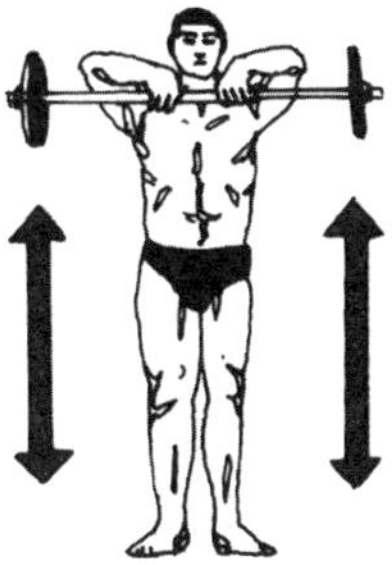

③彎腰轉身
鍛鍊外腹及胴體的肌肉，把握住槓鈴的手腕，做上下的彎動。

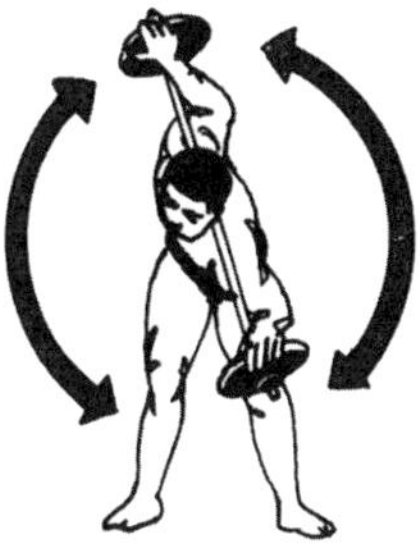

④左右搖動
把槓鈴置於頸後，左右搖動。

⑤手指和手腕固定的練習

⑥彎腰划行運動
鍛鍊背闊肌，訓練拉力及用手側打

2.踢腿和全身運動

①側踢
腳部加重量向上，向前，向後，向左右踢。

表1

力量的訓練是在短時間內能發出最高能量的能力訓練，所以在完全疲勞的狀態下，必須休息使其恢復精力再做練習。

這種訓練主要是鍛鍊速肌纖維（FG與FOG）。

7. 培養肌肉耐力的要領

持續能力的訓練

鍛鍊身體的人如果重複地做盡全力把腳伸直的運動，剛開始也許能發出強大的力量，但是很快就會感覺疲勞，進行到第五十次時，體力將降低到原來的三分之一。

體力的降低和比賽的形式是有關連的，格鬥技的選手希望有接近划船選手的那種持續力量，因為他的速肌纖維，特別是FG纖維受過訓練，所以具有很強的持久力，而不易疲勞。

提高持續力量的方法有三：

(1)鍛鍊時要注意做持續二十～六十秒的反覆運動。

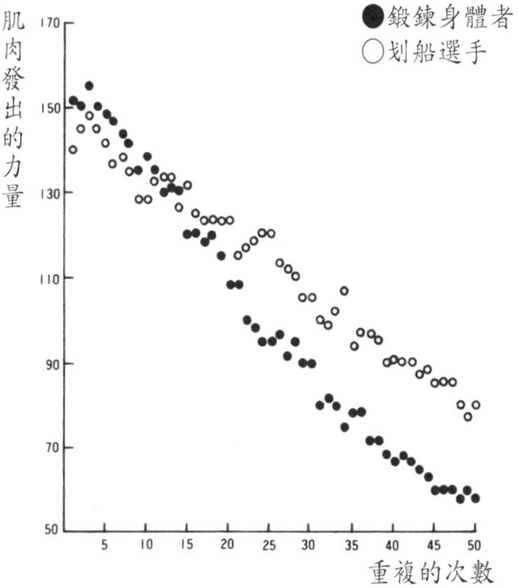

鍛鍊身體者雖然在開始時力量很大，但持續力不足，所以划船選手會得勝。

武術之星在比賽後半段，把對方慢慢地引入對自己有力的情況，得到最後的勝利，可見他的ＦＯＧ纖維和ＳＯ纖維都很發達。

圖7　鍛鍊身體者和划船選手，肌肉所發出的持續力量的比較

(2)不拘泥於訓練種類，可做不使用器具的全力疾走（但不是長距離，只是十公尺到五十公尺之間）。

(3)在各回合的後半，就算已經疲勞了，也要盡力去完成。

根據以上的原則來訓練，如果做了一回合之後疲勞了才能休息，等到肌肉完全恢復後再做第二回合的練習，要注意。

僅僅是瞬間爆發力的訓練，也有肌力、最大力量以及力量的持續三種訓練項目。也許會認為時間不夠，但如果能依照緩急來做練習，應該不會太費時。

如果一個星期做三次，希望能增加肌力的人，可以做兩次的肌力訓練，另外兩種只做一次即可。

在離比賽還很久時，可以將訓練重點放在肌力的訓練上，到了比賽前夕，再加強最大力量以及力量持續練習。

關於瞬間爆發力訓練目標的標準如下：

握力：和體重相等。

背肌力：體重的三倍。

垂直跳躍：七十公分。

如果想成為一流的選手，希望以此作為最低的標準。

8. 中等力的訓練

中等力是什麼？

中等力就是從三十秒到三分鐘之內，能把能量完全使用完的力量。

在2節中所談到的乳酸性機構（肌肉中的肝糖在無氧的狀態下分解成乳酸）具有重要的任務，從三十秒到一分半鐘接近瞬間爆發力的運動中，非乳酸性機構也同時作用，另外，從一分半到三分鐘的運動中，偏向持久力的有氧性機構也會同時作用。

中等力的運動相當地激烈，所以必須攝取足夠的氧氣，如圖8在有氧性機構中，能滿足的只有B的部分，剩下來的A，是從非乳酸性及乳酸性機構中得到能量，因此，A等於是預借氧氣（稱為氧氣負載），必須在運動後償還（C的部分）。

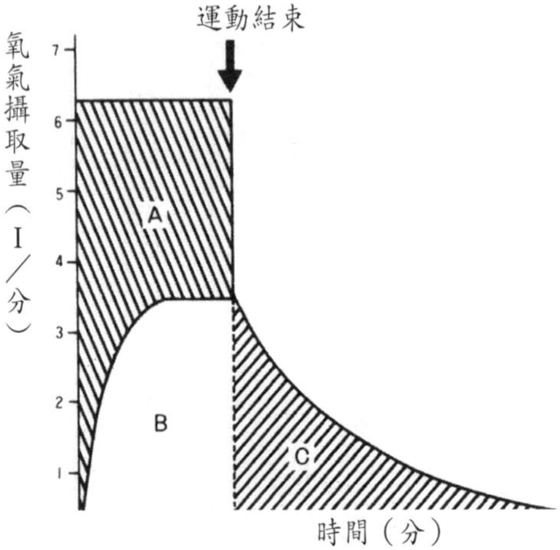

A是運動中氧氣不足的量，B是運動中的氧氣攝取量，C是恢復時的氧氣攝取量（氧氣負載量），A＋B是氧氣需要量。A和C相等。

圖8　運動中氧氣的消耗量

中等力的作用和前節的瞬間爆發力的提高訓練很相似，但中等力的運動時間較長，所以訓練時有增加氧氣負載A的能力，也就是無氧運動的能力會提高，同時氧氣的攝取量B也會增加。

因此，A和B的合計加大，才有能力繼續激烈的活動。

如果僅僅使用肌肉中的SO纖維的話，雖然還是可以鍛鍊，但全身的氧氣攝取能量，以及全身的氧氣攝取能力（心肺機能）並不會提高。

比方說，以單手連續舉起啞鈴

一分鐘，做局部的中等力訓練，雖然手臂很疲勞舉不起來，但全身的能量消耗量卻很少，所以不會喘氣，因此，心臟和肺部的機能不會加強。

9. 迅速增加全身的中等力

格鬥技必須活動全身，所以要做全身中等力的鍛鍊，其中循環訓練可說是最適合不過的。

循環訓練

循環訓練——

(1)有關手臂、胴體以及腳各方面的運動中，選擇兩三種，按照手臂→胴體→腳→手臂的順序來做。

(2)所使用的槓鈴種類，要選擇最大負荷三分之一的槓鈴重量。

(3)按照所決定的各種類順序，來回做二十～三十秒，等所有的都做了三次就可結束。

(4)不同種類的運動中不需要休息。

根據這些原則去做即可。

XX大學空手道社練習的情形，最近他們也設計了各種不同的循環訓練。

關於(1)，可安排手腕固定的練習，或伸屈踢腿，空拳防守練習等。

關於(2)，如果想提高肌力，不妨使用重一點的負荷來練習。

(3)的次數中，第一天在各種不同種類之中必須有充分的休息，盡全力做，把應做次數的一半，作為一回合的量。

把每次做完所需要的時間紀錄下來，以能縮短時間為目標來做。比方說，本來需費時三十分鐘的運動量，縮短為二十分鐘時，就必須增加負荷和次數，這就是循環訓練。

循環訓練的特徵——

(1)關於身體各部位的鍛鍊，必須做接

近前節所提的提高瞬間爆發力和持續能力的運動。

(2)雖然練習的種類一直在改變，但攝取空氣中的氧氣而送到肌肉的心臟和肺卻不休息地繼續工作。

如圖8中的A和B會同時增加。

前節的肌力訓練，必須每做一回合就改變種類，不休息地繼續做，才能提高肌力及氧氣攝取能力。

因此，必須選擇力量持續能力的訓練方式，做了一分鐘至兩分鐘的激烈運動後，就要充分地休息。

10. 休息中可培養體力

體力的訓練

氧氣多負載愈大，中等力也愈大，亦即乳酸大量積存體內，使肌肉變成酸性，因此，不能收縮。所以，必須繼續活動來提高耐乳酸能力，這就是體力訓練的重要性。

找一個差不多三百五十到四百五十公尺距離的跑道，盡全力去跑，跑完後休息二十到三十分鐘再跑同樣的距離，重複三、四次之後才告完成。

做了這種運動之後，氧氣負載量會提高，所以，可把休息時間慢慢縮短再練習。四百公尺的距離，盡全力跑四趟，休息時間短時，血中的乳酸會增加。因此，可以培養耐乳酸運動。

跑四百公尺需要一分鐘左右，必須儘量使用全身來運動，最好是能讓自己疲勞才好。由於這種訓練是為了提高耐乳酸能力，所以在運動的後半，就早已很難受，也絕對不可放鬆。

中等力的持續能力，以間歇性的訓練最合適，格鬥技的選手比較適合做衝刺間歇訓練，做時可找距離一百～兩百公尺，以自己最高速度的八十～九十％來練習（一百公尺跑十二秒的人，十五～一三・三秒的速度），也就是跑完一趟心跳速度會提高到接近界限的每分鐘一百八十次以上。

所以，跑完後要做三十～六十秒的慢跑，才能休息，等到心跳平穩時再做第二次的練習。

為了提高效果，需重複做十次以上。

除了跑步以外，其他的運動也可使用間歇性的運動方法。

11. 持久力的訓練

持久力和最大氧氣攝取量

持久力是連續運動三分鐘以上，尚能發揮的力量，例如，馬拉松賽跑、長距離游泳、自行車競賽等，都是靠持久力來運動的。是利用動員氧氣的FOG纖維與SO纖維，由有氧性機構來供給必要的能量。

氧氣消耗一公升，肌肉就能發出約五大卡的能量。於同樣的時間內能攝取較多氧氣的人，表示他的持久力愈好。

二十歲層的年輕人，在健康的狀況下每分鐘可攝取二・六公升的氧，隨著年齡的增加，攝取能力會降低，到了四十歲層時會降為二・二公升。

但如果能多做運動，還是可以維持在二・六公升左右。每天跑三公里以上的人，就算已六十幾歲了，也可達到二・四公升，所以最近很流行的慢跑、晨跑等運動，也是值得提倡的。

格鬥技比賽的時間愈長，愈有必要做提高最大氧氣攝取量的持久力訓練，但在中等力訓練項目中所介紹的循環訓練和間歇性訓練，如果能徹底實行，並不需要做持久力的訓練。

最大氧氣攝取量的測定需要特殊的裝置，可是如果得知持久跑步的能力，也能間接求出大概的數值。

若以十五分鐘能夠跑的距離三・五公里來看，體重六十公斤的人每分鐘大約可攝取三公升到三・六公升的氧氣量。

以相同的速度奔跑，所需要的氧氣量和體重成正比。所以，可作為測定持久力的參考。

12. 效果宏大的有氧運動

持久力的訓練

目前很受歡迎的有氧運動（Aerodic exercise），是一種以提高人體耐力素質、增強心肺功能為目的的體育運動。是美國的庫勃博士所創的，他發明有氧運動的目的，是想了解人類為了維持健康，需要多少運動量才足夠。

其實有氧運動也就是持久力的訓練，在運動中把氧氣或營養移到肌肉中的血液通過，使得微血管暢通，因此，疲勞時也能很快地恢復體力，心臟機能變強。

由於心臟收縮一次的血液量增加，所以，在安靜時心跳速度會比一般人每分鐘七十二次要低。

肺的功能也和心臟功能同時提高，所以，呼吸器會變得很強壯，一分鐘的換氣量（吸進吐出量）會增加，因此，從空氣中攝取氧氣的效果頗佳。

但是，肺活量和氧氣攝取沒有多大關係，所以，不要以為肺活量大的人就有持久力。

庫勃博士主張做有氧運動來使血壓正常化，對於緊張、壓力所引起的不安、失眠也有治療效果。另外，還有消除多餘脂肪的好處，因此，是相當值得中年人以上的人來做的運動。

有氧運動包括越野滑雪、游泳、慢跑、騎自行車、步行等，一個星期至少要做三次。

如果沒有時間，可利用通學或上班途中做，搭車時最好在前幾站下車，步行二、三十分鐘，電梯最好不要搭乘，爬樓梯是相當好的運動，而且爬的速度要快，最好能一氣呵成。

總之，在日常生活中要安排一些有氧運動，如此才能使肌肉鬆弛，促進血液循環，特別是在肌力訓練後慢跑，第二天才不致疲勞過度。

住家附近如果有游泳池的話，可以經常去游泳。

比賽後可以採取有氧運動，能夠維持正常的體力，一個星期要跑合計二十五公里（每週五天、一天五公里），速度是每分鐘兩百公尺，也就是五公里跑二十五分鐘。

但絕對不可勉強自己，沒有體力的人最好減少距離或減緩速度。

除此之外，打個網球或到郊外散步、跑步也不錯，可以藉著其他的運動來了解本身體力進步的情形，以及下次努力的重點。

13. 疲勞困憊也是訓練之一

疲勞困憊跑步的訓練

前項的有氧運動雖然可得到格鬥技所必要的氧氣攝取能力，但做得過久，氧氣的攝取量會到達頂點，甚至在瞬間爆發力運動中所得到肌力或體力，也有降低的可能，所以，此項中介紹一種時間比較短，能提高訓練效果的疲勞困憊跑步法。

疲勞困憊跑步的目的——

(1)提高最大氧氣攝取量。

(2)加快最大氧氣攝取狀態。

格鬥技的比賽，普通都是從接近安靜的狀態，變成突然發出很大力量的狀態，所以(2)中的部分必須好好地練習。

心臟和肺部能完全發揮功能所需時間太長的話，就算氧氣攝取量高也無用。因此，疲勞困憊跑步的訓練是不可缺少的。

疲勞困憊跑步要以下面的要領來實施。

⑴跑的距離決定在一千五百～三千公尺間。比賽時間短的格鬥技選手，要選擇距離短的跑步。

⑵所決定的距離跑完後，要以疲勞困憊的速度繼續慢跑。

⑶跑完一次後要充分地休息二十～三十分鐘。

⑷要跑兩趟～四趟。

如果不想跑步，也可做其他的疲勞困憊訓練，做五分鐘到十分鐘，注意，如果後半的架勢混亂了，必須減少實施的次數，在稍微休息後再矯正架勢，⑶項中的休息時間內，可做伸展運動，以及柔軟性的訓練，會有消除疲勞的效果。

14. 科學上的技巧訓練

技巧提高的要領

前三項是談到有關提高體力的方法，除了體力的訓練外，還要有技巧的配合，才能得到最後的勝利。

馬拉松賽跑以及划船等，體力比技巧重要，但體操及高爾夫球等，就要完全靠技巧了。另外，投鏈球及棒球、籃球等，無論體力及技巧都是不可或缺的。

在一般的格鬥技中，其本的練習皆偏重於技巧的訓練，本節所提到的科學技巧訓練，是進一步的分解。

例如，練習踢腿時，先要做抱膝蓋的動作，一組一組對打時，應練習上段回旋踢的防禦和反擊。

可以說完全是從動作中來分解。

格鬥技中最佳的技巧，是找出對方疏忽之處來加以攻擊，另外，在承受對方的攻擊之後加以反擊。即——

(1)判斷對方的動態。

(2)對判斷要有很快的反應。

(3)反應的動作要適當。

以上三種要素必須配合應用，不然會產生誤以為對方要做上段出拳而想接招時，忽然挨了對方中段的踢腿，或以為有機可乘而攻擊，實際上卻是個陷阱，而遭到重擊。

另外，雖已知道對方要使用刺拳，而無法躲開時，這表示反應還不夠快，必須多加練習，最好在一拳揮出去時，就要隨時準備下一拳的出擊。

練習躲開對方的刺拳時，最好能找不同流派的人來作對手，才能在意外攻擊中得到效果，這就是科學的訓練技巧。

15.最初要像太極拳一樣緩慢

技巧是什麼？

太極拳是以天人合一，萬物皆化的中國傳統哲學思想為知識體系，透過人的意念修練、呼吸調整，配合肢體運動，實現養生健身的獨特運動。

格鬥技初學者不論出拳或踢腿都不靈活，但等到習慣之後就會很順暢，這是因為剛開始學時，完全是刻意模仿的動作，慢慢地，變成無意識的自然動作。

以神經傳達的線路來看，反射動作比隨意運動的反應速度快，所以在學新技法時，身體的每個部位都要注意到，做慢動作也無妨。動作次數多之後，身體自

太極拳以動作緩慢而出名，是為了把正確的架勢反射化。

然就會習慣而記住這種動作之後速度就自然地加快了。

剛開始的階段如果馬馬虎虎，錯誤的動作也會反射化，因為動作是無意識的，所以矯正起來就困難多了，要修正錯誤的壞習慣比學習新的，需要多花好幾倍的努力。

學習時一定要找姿勢正確的指導者，而且必須仔細觀察對方的架勢，時時重複地做，如此，才能很快地學會，這就是所謂的「影像訓練」。

一般的技巧性訓練，要在身心都不疲倦的狀態下練習，先做一些暖身的運動，然後才能開始做，由於疲倦時，身體不聽使喚，所以架勢會紊亂，因此，必須專心地做，才不致養成壞習慣。

16. 反應速度的好處

學習動作大及快速的反應

要練到反應快動作大，以下面的訓練最合適。

(1) 體操

地板運動，基本上包括前翻、後翻及橫翻、倒立等，等到習慣了以後，再加上衝入前翻、後翻或跳箱運動。

另外，如果有彈簧床，就能培養空中的感覺。在平衡台上行走，以培養平衡感。

(2) 其他的運動

兩個人一組來做肩摔等運動，以接近實戰的練習來培養被攻擊時的要領。如果有更多的器材，還能訓練持久力。

除此之外，還可在地面做鋸齒形記號，根據線條作前向、後向、橫向的行走，或單腳跑、跳躍回轉等，都可以試試看。

如果想提高反應的速度，可以笛子作訊號，朝著笛聲傳來的方向做逆轉猛攻，或跳躍的動作，來訓練瞬間爆發力。

格鬥技不僅僅是單純的反應速度快就行了，還要配合對方的動作，所以必須做以下的訓練。

(1) 移動練習

以兩人為一組，其中一人做前後左右的移動，另一人儘量跟著動，保持適當的間隔距離。另外，一個人也可以做跳躍、彎腰等練習。

(2) 拳套練習

也是兩人一組式的練習法，由其中一人戴上拳套，以快而正確的拳打擊對方，如果沒有拳套，可以找輕而牢固的目標來練習。

(3) 其他的運動

利用別的運動來達到訓練的效果，比方說，拿籃球來做一面運球一面走過防守的間隙，或是互相奪球也很好，這是從瞬間爆發力到持久力都能鍛鍊到的綜合訓練。

大家圍成一個圓形，輪流派人站在中央，大家共用一個球來丟他，他必須以身體稍微的移動來躲球，可以彎腰或跳躍，或用側步，扭轉上半身來閃躲，就如同學生常玩的躲避球一樣。

如果只有自己一個人，可把球放在一個網子裡，用長的長繩子綁好，使它能左右擺動，站在下面練習躲球也很有效。

練習時必須注意不可以練得太疲勞而無法動彈，或是不小心讓球打到臉部，如此，才能得到訓練的效果。

《科學所教授的最強格鬥技法》

第七章　根據理論想像格鬥技專家的影像

1. 那一種格鬥技法最強？

可以做比較嗎？

常有人問到空手道和泰國拳那一種技法較強？其實必須設定某種條件，才能回答。除非約定一些禁止的技法，或能決定和判斷勝敗的規則，否則根本無法判定那一種技法強。

比方說中國拳法中有一種利用在地面滾動來打鬥的地躺拳。如果這種技法上了拳擊台，會被判定為「故意倒下」，拳擊者不可攻擊倒下去的人，由於這個規則，一旦攻擊了對方，本身就違反了這項規則。

就算沒有規則的限制，還是有若干的問題，列舉如下：

(1) 體格是否大致相同？
(2) 經驗或練習量是否相同？
(3) 做為格鬥技專家的素質是否相同？
(4) 是否每個人都有修行的效果？

(5) 修行和強度的關係是否一致？

(6) 打鬥的情況是否保持一定？

極端的例子是體重五十公斤左右體質虛弱的人，發憤練習空手道一年之後，向摔角的選手挑戰，當然不可能獲勝，但並不能因此斷定空手道比不上摔角。

第一，摔角選手的體重是一百公斤左右，所以不能滿足條件(1)，其次這個挑戰者本來是身體很虛弱，容易疲勞，練習量不能太多，而一年的修行時間太短。反觀另一方面，職業的摔角工作就是訓練，所以也不能滿足條件(2)。再說很難將挑戰者認定為具格鬥技法的素質，而職業摔角選手卻是從很多志願要從事摔角者當中，經過激烈訓練才脫穎而出，可以說是優秀者之中的佼佼者，自然也不能滿足條件(3)。

即使能滿足條件(1)、(2)、(3)，仍然很難判定何者較強。例如各交給A、B兩種格鬥技法的指導者一百名年輕人，體格和素質雖然有個別差異，但是以多達一百人的集團相比較，條件(1)和(3)就能成立。為了符合(2)的條件，在鍛鍊三年之後，比較雙方集團的實力。結果如下面的表。

	非常強	次強	普通	弱	非常弱
A	二十人	0人	0人	0人	八十人
B	十人	二十人	四十人	二十人	十人

如果以二十人為代表的團體戰，A必然獲勝；一百人的團體戰，則是B獲勝。格鬥技法，雖然有很驚人的結果，但是其中一定有很多困難的技法。五個人中有一人的素質比較好，適合練習A的格鬥技法，但是其他的人則一點都不強。格鬥技法A和B因為條件(4)相異，難以做比較。

如果像軍隊中一次指導很多人，比較適合。B反過來說，如果是訓練軍隊中的突擊部隊，也許A會比較合適。

除了這些之外，有一種格鬥技法是起先幾年之中比其他格鬥技法弱，但是年紀大了卻不會因而衰退，最後可以說是最強的。中國拳法的修行者，很多都強調這一點，反觀極端重視力氣或速度，技術單純的格鬥技法，隨著年齡的增加，實力降低的比其他的格鬥技法多。或許年輕時他是實力最強的，這是不符合條件(5)

的格鬥技法，自然不能單純的說「那一種強」。

關於條件(6)，不同的格鬥技法特長也不同，如被很多人圍起來打比較有利，或對方拿刀等武器也足以應付對方，或也能和牛、熊對打，或在狹窄的地方打。如果將這些作戰的情況也考慮在內，要比較格鬥技法的強度就更為困難了。

比方去追一流的馬拉松選手，任何格鬥技的專家都追不上，當然更遑論打中。又如和職業棒球的投手在河灘上對決時，對方自遠方丟石頭，你想要近身出拳或跟腿是不容易的。

考慮的愈多，要比較格鬥技法的強弱，則更為困難。不過可以清楚的說，任何格鬥技法，只要具備熟練的基礎，在有規則的前提之下，都是比較有利的。

2. 這是最強格鬥技法的形象

在規則設定中的假設

那一種格鬥技法最強，如果不談規則，是無法回答的。但它是以下幾點的規則為前提。

(1)以出拳踢腿為主體。

(2)有時也使用摔法，但是只限於幾秒鐘之內，並不使用壓制法。

(3)不做勒脖子、打眼睛等的要害攻擊，至於對睪丸的攻擊，如果有護襠的話，有時是被允許的。

(4)拳套有使用和不使用兩種，但是，任何情形都是以不使用防護用具直接打擊。

(5)不使用有效技法的數字，而是以給予對方傷害的總量來決勝敗。

如果依照這個規則，除實力有很大的差異，否則所謂一拳擊倒的情形是不可能出現的，要突破對方的防禦，先用輕而有效的攻擊對方，等對方鬆懈時，再做第二波、第三波的攻擊。就是依照這種形式，迅速和強度兩種因素都要兼顧。

因為是用身體招架對方的出拳或跟腿，所以挨打的程度也是很重要的因素。

由於比賽相當的激烈，僅僅使用格鬥技法的技術是不夠的，體力和精力都不可缺乏。

其次，根據這個規則，來描述格鬥技專家和訓練的心得。

◎體型

身體的脂肪少，肌肉發達。肌肉是力量的來源，也是將對方的打擊彈回的根本。如果肌肉量相同，脂肪愈少，動作愈敏捷。

有的人體質比較容易產生脂肪，如果勉強減輕體重，連肌肉都會減少。如果沒有體重的限制，有某種程度的脂肪亦無妨。如果有體重的限制，平時就應留意食物的內容和攝食的方法。儘量減少身體的脂肪，增加肌肉。

應特別注意，短時間不合理的減肥，會危害健康，所以絕對要避免。

◎身體機能

由體力訓練來提高格鬥技法所需要的身體機能。

①瞬間爆發力

肌肉量雖然相同，但是機能有相當的差異。由於瞬間爆發力訓練，所以每單位橫剖面積的收縮力會增強，成為收縮速度很快的肌肉。

②力量的持續能力

即使有再大的瞬間爆發力，在一回合的後半段，如果身體不能活動了，那就糟糕。所以必須鍛鍊持續一分鐘至三分鐘的能力。

③持久力

比賽有好幾個回合時，決定後半段的勝負，就是在每一個回合休息時間中如何恢復體力。經由呼吸循環系統的訓練，將使你變得有耐力。

④活用力量的機能

實際上力量要和動作連在一起，有柔軟性、反應速度、平衡感和集中力等等。不光只是所謂基本訓練或成組的練習，是要藉由不同體力要素的訓練來提高這些機能。

◎合理的動作

開始的姿勢是以與肩同寬比較自然。如果開始的姿勢太寬，雖然安定，但是不容易活動，反之，如果狹窄，雖然比較容易活動，但是並不安定。腳要前後左右分開，如果只是前後很開，左右就無法動彈，如果只是左右張開，前後就不能動彈。下半身的各關節要輕輕的彎曲，全身放輕鬆。

如果不用摔法或扭打，那麼要將腳跟輕輕的提起，步伐就會輕盈。如果有摔法或扭打時，腳跟要貼地，腰部稍微降低來增加安定性。但是重心要放在腳拇趾根部附近，隨時做成一個可以利用腳踝彈性的姿勢。

手要輕握或放開，擺在臉的前面。若把拳頭放在身體旁邊，對於臉部的防守是不利的，再說拳頭和對方的距離那麼遠，也是相當吃虧的。

不論是那一種格鬥技法，優秀的選手在出拳踢腿時，都實行「藉用全身的力量出拳、藉用全身的力量踢腿」的要領。也就是活用全身，尤其是下半身的力量。

出拳時，若僅僅動手臂或上半身出拳，力量根本無法完全發揮。利用腳踝或膝蓋的彈性和股關節的作用來扭轉腰部，將之推到前面，使用身體的肌肉（腹肌或背肌）的力量扭轉上半身，將肩部朝前突出，這一連串的動作，如果能適時保握最佳的時機，會產生強大的力量。

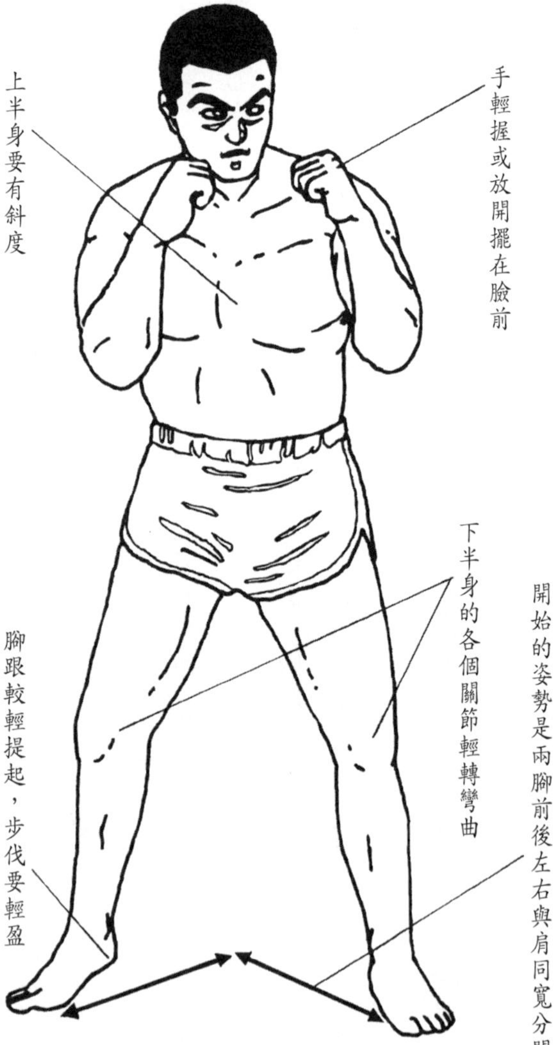
上半身要有斜度
手輕握或放開擺在臉前
下半身的各個關節輕轉彎曲
開始的姿勢是兩腳前後左右與肩同寬分開
腳跟較輕提起，步伐要輕盈

跟腿的時候，不只是注意踢出的那一腳，站立的一腳也是很重要的力量來源，利用站立的腳膝蓋的彈性，將腰部推到前面扭動的時候，會發出很大的力量。如果僅就力量而言，特別是腿踢高的時候，站立的腳，腳跟要提起，利用腳踝的彈性比較有利。還有手臂的動作也有平衡運動量或角運動量的作用。

熟練者的刺拳，看起來好像只有以手臂出拳，因為實在太快了，所以才有這種看法。刺拳和右直拳雖有某種程度的差異，但是刺拳也是運用全身的力量攻擊。特別提醒初學者，正確的用全身的力量，適當的出拳和踢腿。

對於體格較差的人，如果沒有合理的動作，就沒有獲勝的希望，利用本書第四章以力學原理解說「合理的格鬥技法是什麼」，學會如何將自己的「力量」做有效使用的要領，對於最強格鬥技法是什麼的疑問，可以說比任何的答案都來得具體。

國家圖書館出版品預行編目資料

格鬥技科學解析／蕭京凌 主編
——初版——臺北市，大展，2016[民105.01]
面；21公分——（武術武道技術；9）
ISBN 978-986-346-098-5 （平裝）
1.武術
528.97 104024273

格鬥技科學解析

主　　編／蕭 京 凌
責任編輯／紀　　暉
發 行 人／蔡 森 明
出 版 者／大展出版社有限公司
社　　址／台北市北投區（石牌）致遠一路2段12巷1號
電　　話／(02) 28236031・28236033・28233123
傳　　真／(02) 28272069
郵政劃撥／01669551
網　　址／www.dah-jaan.com.tw
E-mail ／service@dah-jaan.com.tw
登 記 證／局版臺業字第2171號
承 印 者／傳興印刷有限公司
裝　　訂／眾友企業公司
排 版 者／千兵企業有限公司
初版1刷／2016年（民105）1月
初版2刷／2017年（民106）6月

定　價／280元

大展好書　好書大展
品嘗好書　冠群可期

大展好書　好書大展
品嘗好書　冠群可期